U0330843

从经典到教条

理解摩尔根《古代社会》

王铭铭 著

生活·讀書·新知 三联书店

图书在版编目（CIP）数据

从经典到教条：理解摩尔根《古代社会》/ 王铭铭著. —北京：
生活·读书·新知三联书店，2020.1
（三联精选）
ISBN 978–7–108–06666–4

Ⅰ．①从… Ⅱ．①王… Ⅲ．①古代社会–研究
Ⅳ．① K02

中国版本图书馆 CIP 数据核字（2019）第 167945 号

责任编辑　赵庆丰
装帧设计　薛　宇
责任校对　陈　明
责任印制　卢　岳
出版发行　生活·讀書·新知 三联书店
　　　　　（北京市东城区美术馆东街 22 号 100010）
网　　址　www.sdxjpc.com
经　　销　新华书店
印　　刷　河北鹏润印刷有限公司
版　　次　2020 年 1 月北京第 1 版
　　　　　2020 年 1 月北京第 1 次印刷
开　　本　880 毫米 × 1092 毫米　1/32　印张 7.25
字　　数　126 千字
印　　数　0,001 – 5,000 册
定　　价　35.00 元
（印装查询：01064002715；邮购查询：01084010542）

目录

序

摩尔根《古代社会》一书,是西方人类学早期经典之一,其历史唯物主义版本,也曾成为国内民族学(社会人类学)、史学和考古学遵循的"原理"。

我这本小书,是十五年前完成的。写作期间,我重温经典,回顾了它在学术史上一个局部的"变形"。有感于自己身处"摩尔根"与"后摩尔根"两个阶段之间所长期面临的困扰,我做了一点努力,融入我所感知到的过去和现在。我梳理了文本自身的逻辑,并将这部影响深远的经典当作"社会事实"加以审视,表露了自己的些许心得。我总的看法是,有必要重新思考《古代社会》的"大历史",揭示其教条化的危害,但我们却不应抹杀这类经典的巨大贡献,不应无视其启迪。

这么些年过去了,我的这一双重态度没有改变。

一

我这行的承前启后者埃文思 – 普里查德(Evans-Pritchard)

1

在评价摩尔根那代经典人类学家时承认，他们才华出众、学识渊博、诚实正直。然而，他却没有给摩尔根的《古代社会》留情面。他指出，在这本书中，摩尔根与他的同代人一样，致力于"历史重构"，为此，他将大部分心思用以确立他者与我者之间关联的前后年代顺序（以原始他者为前，以西方文明我者为后），而要做这项工作，他"只有全靠猜测，并经常局限于看似有道理的猜测工作"〔1〕。

19世纪的经典人类学家们所用的"服从于分析的事实一般来说是不准确、不充分的，它们还经常被从独自赋予它们意义的社会背景中强拉出来"〔2〕。他们做研究的目的是"历史重构"，而这些"不仅是猜测的而且是评价性的"，其依据是欧美的"进步"价值观（如自由主义者和理性主义者的物质、政治、社会、哲学"文明价值"）〔3〕。如此一来，来自原始社会的素材，往往在"历史重构"中转化为西方文明自负的证明。

摩尔根为了跨越文明的疆界，曾以所研究部落的养子身份，进入被研究者的生活世界，他在观察和分析上，也极其审

---

〔1〕 埃文思－普里查德，《论社会人类学》，冷凤彩译、梁永佳审校，北京：世界图书出版公司，2010，第28页。
〔2〕 同上书，第29页。
〔3〕 同上书，第30页。

慎。但这些都没有为他克服文明自负提供充分条件，其《古代社会》，犯有 19 世纪"大历史文明自负"的通病。

在批判经典理论的文明中心主义问题之中，西方人类学家们走进了一个新时代。从 19 世纪末开始，德、美传播论者和历史特殊论者对那些此前被当作不同历史阶段的文明的物质文化和社会习俗进行地理关系的研究，法国年鉴派社会学家将进化论改造成理解各种"基本形式"的手段，英国功能论者和结构－功能论者揭示出"土著"生活世界和社会体系与 19 世纪被推理出的文明进程的诸事实无关。归属于不同学派的一代学者不是都能身体力行地从事田野工作，但他们大多崇尚不带偏见的观察研究，即使是他们中的那些倾向于文化史研究的先贤，在思索历史时，也没有忘记真切领悟"土著观点"（如文化区理论中的"地方观点"和"基本形式"理论中的非西方宇宙观）的重要性。在他们的引领下，新人类学（现代人类学）得以缔造。

对于那代导师和他们的后人们来说，新人类学尽可以说是一项人类学家担负的使命，对我们这个国度的学科先驱者而言，也并不陌生（它的几个派别曾于 20 世纪前期深刻影响了中国民族学和"社会学的中国学派"或"燕京学派"的研究）。[1] 但我最初接触的人类学，并不属于这种。

新人类学并没有自一开始就流传到东方。新人类学的扎根之所，是世界的一个局部。其致力于根除的旧人类学，先在苏联被奉为典范理论。此后，在不少由部落和古代帝国（如中国）变成的"新兴国家"中，旧人类学的"大历史"转化为某种现代化叙述框架，并与形形色色的文化复兴运动杂糅，演变成第三世界"民族自觉"的主导观念形态。

在传播-历史具体论"民族学"、社会学及功能和结构-功能论社会人类学基础上形成的西方新人类学，与世界上"剩余地区"持续存在的"大历史"（在中国，它曾被称为"原始社会史"），构成一个学科地缘政治二元对立格局。

我身处中国，生长在一个激情依旧的"后革命时代"。在"成年的来临"过程中，我先受杂糅了考古学、民族史和文化人类学的学科教育，后在西方接受社会人类学训练，得以对"人文科学"在东西方的转化有切身体会。而到了写作这本书的阶段，我已被夹在学生时代的我和忝为人师的我之间。这两个"我"，前者承受着原始社会史（这固然是被教条化的摩尔根学说）的压力，后者肩负着传播"后原始社会史"社

---

〔1〕 Wang Mingming, "The West in the East: Chinese Anthropologies in the Making", *Japanese Review of Anthropology*, Vol.18, No.2, 2017, pp.91-123.

会人类学的使命，两个"我"本来来自同一个，但两者间却无以实现"性格组合"。虽说当下是过往的将来，但是后面这个动态的"现在的我"难以是"过去的我"的自然转化，这就给我带来了不少困扰。

在纠结和徘徊中，最终我选择站在新人类学立场上回望旧人类学。

之所以作此选择，并不是因为要对新人类学"东施效颦"（其实我在不少作品中也表达了对它的严重不满），而是因为我确实从它身上看到了某些优点：相对于"大历史"，它明显缺乏"宏大叙事"所具有的魅惑力，但它却要具体可靠得多，对学术与观念形态之间关系的问题，它的反应要远比旧人类学敏感。我一直相信，经验化、整体化和相对化的新人类学，对于化解我们研究中的口号化、片面化和绝对化倾向，有着值得期待的正面影响。

在新人类学的启迪下，我批判地对待《古代社会》的教条化。

在我的理解中，《古代社会》的教条化，是民族志学"客位主张"（etic position）政治化的表现。

民族志学一词的核心组成部分是"ethnos"这个约指"民族"的古希腊文。如盖尔纳（Ernest Gellner）借苏联与西方民族志学的差异考察指出的，在新人类学扎根之后的西方，"ethnos"或"民族"在多数情况下，指唯有通过理解局内人观点（往往通过其语言表达出来）方可充分把握的"民族精神"，它实等于用被研究者的"主位观点"（emic perspectives）理解的"文化特征"，而在苏联及其影响范围波及的国家，它则指服务于国家的民族志学家和政府工作人员从外部对被研究社会共同体加以识别和区分的"客观标准"，它实为"客位观点"（etic perspectives）[1]。

站在苏联的局外观察它，盖尔纳对在"客位"的"ethnos"观念下获得民族史学成就，似乎还是给予理解的。然而，作为一位来自东方的学者，我却不是这种观念的局外人。通过我的老师辈的著述（这些著述的细部，含有大量接续传统中国史学和20世纪前期"中国化"的新人类学因素，但这些因素往往被"大历史"的阶段论标签所吞没），我感知了那种对民族志学进行"客位"规定的严重问题。在我们所在的这个社会，若是学者强调"主位"，也就是强调从被研究者的观点看被研究的社会，那么，他们不仅可能会被指责为"无用"（不能为国家的社会改造提供理由），而且可能会被讥笑为"无能"。迄今，"客位主张"在我们的社会科学中仍旧

---

[1] Ernest Gellner, "Preface", in his edited, *Soviet and Western Anthropology*, London: Duckworth, 1980, pp.ix–xx.

占有支配地位，有着它的现实基础，这个现实基础，与近代
"强国主义"观念形态有着密切关系。

　　与此相关，在围绕"ethnos"形成的分歧背后，世界还
存在着影响更广、藏得更深的对立——正是这一对立在对照
中凸显出了"客位主张"的本质特征。

　　如20世纪最伟大的人类学家列维·斯特劳斯20世纪60
年代即予指出的，当西方人类学从进步主义转为"地方性知
识主义"之时，非西方政治文化精英因不愿看到自己的社会
滞留在西方人类学家乐于见到的"落后状态"中，而将19世
纪旧人类学经典中的历史目的论加以政治化，使之成为社会
变迁规划的纲领。[1]如列维·斯特劳斯所言：

　　　　……现代人类学发现自己处于一种矛盾的局面。对
　　于跟我们自己的文化迥然不同的文化怀有的深刻尊重导
　　致产生了所谓文化相对论。现在，这个学说反而遭到了
　　我们出于敬重他们才建立此学说的那些民族的激烈反对。
　　再者，这些民族认可一种陈旧的单向进化论的说法，好

---

〔1〕　列维·斯特劳斯，《美国民族学研究署的工作与教训》，载其《结构人
　　类学（2）》，张祖建译，北京：中国人民大学出版社，2006，第448—
　　458页。

像他们为了尽快共享工业化的好处而宁愿自认暂时落后，而不愿永远自视不同。[1]

过去一百多年来，有了文化相对论，西方人类学中很少有人坚持旧人类学中原始与文明有先后顺序的看法，绝大多数行内人即已将这一构想视作欧洲海洋帝国时代的产物；而在相当长的时间里，在新的世界体系中谋求"生存权"的另一些社会共同体，则自觉不自觉地采用"陈旧的单向进化论"。在这一同样是源自西方进步主义历史目的论的庇荫下，这些共同体中的一些还是"宽容"和培养出了数量不小的优秀研究者。然而，出于列维·斯特劳斯所指出的那一原因，这些非西方社会的精英中的大多数，并没有真的将19世纪的"历史重构"视作人文科学的"天职"。他们不甘看到自己的社会"落后"，于是企图以最快的速度（这在20世纪50年代后期的中国被称为"大跃进"），实现"陈旧的单向进化论"指明的文明目标。由此，对经典人类学家用以论证这一理论的学术志业，他们不加质疑，没有将它当作知识系统而加以深入领悟，而只把它当作信仰。

"过去的我"和"现在的我"无以组合，人类学家正面对

---

[1] 列维·斯特劳斯，《美国民族学研究署的工作与教训》，第452页。

来自列维·斯特劳斯所揭示的"矛盾的局面"。而在写有关摩尔根《古代社会》的这本小册子之前，在犹豫中，我已成为新人类学的一员。随之，我"在自己的社会是批评者，在其他社会是拥护随俗者"[1]。我希望有知识状况的改善，以用于自己所在的社会，于是我尽其所能超脱所在条件，在一个遥远的地方，拥抱那门"敬重我们"的学科，用它来将我们的思想从"陈旧的单向进化论"的牢笼中解放出来。我下了决心，在研究中追随从否弃这些前辈的功业中提出来的新人类学准则，在传递学科知识时，我回避旧人类学（我担心，若是它那种"陈旧的单向进化论"在东方保住主导地位，我所在的社会将文明不再）。我将20世纪60年代西方新人类学的杰作当作学术思想"旅行"的停靠站，相信从那个站点往前走，上溯到20世纪前期，在那里，我们可以领略英、法、美三国人类学曾有过的风采，从那个站点往后走，引向20世纪后期，在那里，我们可以鉴知在一个没有大师的年代里，众多异域的同代人如何各自形成自己的问题意识。

十五年过去了。在过去这个阶段里，我所研究的历史和地理视野都有了拓展，在学科经典文本研习中，我的眼光也

---

〔1〕列维·斯特劳斯，《忧郁的热带》，王志明译，北京：生活·读书·新知三联书店，2000，第502页。

渐渐从"20世纪60年代中心主义"中移挪开来，向旧人类学的历史方向投去。然而，对"陈旧的单向进化论"，我的看法没有改变。我不是没有看到，在过去的这一二十年间，不少国人已从"不愿永远自视不同"转变为"不愿变得一样"，在这一过程中，《古代社会》之类经典的"大历史"已退出历史舞台，取而代之的，似乎是"主位主张"（emic position）的种种变体（如国学）。我目睹了"主位主张"的复兴，渐渐认识到，形形色色的"主位主义"，都是在"大历史"转化为民族的文明史叙述框架过程中形成的，其要素不是新人类学的"ethnos"，而依旧是教条化了的旧人类学的"ethnos"。于是，我仍旧在对"陈旧的单向进化论"的拒斥中相信，对教条化的"大历史"，新人类学家尚待加以更为系统的批判性回溯。

二

我在书中述及20世纪80年代学科重建过程中国内学者围绕摩尔根《古代社会》展开的辩论。时过境迁，这类辩论现在大家都不再关注了。我们这个时代，重视经典文本及其问题的人有之，但他们仍是极少数。

近半个世纪以来，我的国外同人中的大部分都已采纳了政治经济学主义、后现代主义、后殖民主义批判的观点来审视新人类学了。这些本都要求我们在一个更为宽阔的视野下考察社会共同体的内部机理与外部联系，要求我们重新检视经典文本，然而，做这些工作的人却是极少数。在新人类学旗帜下，同人们淡化了其内部德、美两国的文化区研究传统和广泛存在于法国、美国、英国的综合比较研究传统，在一个相当长的阶段里，满足于对个别小规模社会单元的"参与观察"，后来又为了标新立异，频繁更新其所运用的理论（现如今甚至后殖民主义的著述都叫老书了，同人们最近似乎进入了某种对比较宇宙观研究的回归，他们却为标新立异，将之定义为"转向"），便无暇顾及旧人类学的书籍。结果，一部部厚重的经典文献，只是当有人要写学术史时才会被翻开，研究者翻阅的多数书籍，若非刚问世，便是不久前出版的。

西方的思潮，影响着世界其他地区。随着跨区域学术交流的增多，本来难以服众的旧人类学显出了其在"时效性"上的劣势，在雪上加霜中，其生存终于也出现了严重危机。在旧人类学流行的地区，出现比西方更难以解决的问题，并不令人惊讶。

以中国为例，其社会科学时而因循守旧，拒绝反思，时而崇新弃旧，反对传统。在两种对反认识姿态的"钟摆"中，有些研究者还是对早先的那段历史有所感知和怀念的。不过，即使是他们，也没有再讨论民族志学中的摩尔根问题。

按说，摩尔根这个名字几乎可以说代表新中国一大阶段民族志学的总体气质。曾经（20 世纪 50 年代起），在《古代社会》"大历史"框架下，"民族大调查"纲领才得以制定和实施。参与过"大调查运动"的，不仅有如今已故的老一代学者，而且还有在这个运动中成长起来的新一代精英，而这新一代精英，在过去四十年里也培养了他们的传人。对他们而言，《古代社会》到底意味着什么？它是否还是与老一代学者所曾接受的英美派、法兰西学派和德意志派民族志学有所不同？"土著学者"在一个特定的年代如何"磨合"新旧人类学（此间的旧人类学已在国家的重新界定下替代了新人类学的地位）？其制作的作品内容和形式到底是什么样的？其得出的结论为何？对政策和社会有何影响？在当下是否全无意义？或者说，这些结论是否还是在潜移默化影响着我们？

如我所知，过去四十年来，在被研究民族共同体中，有不少"土著"对当年民族学家用社会阶段论标签来界定他们"社会性质"的做法是不喜欢的。他们不愿意承认自己的民族共同体是"原始""奴隶制""农奴制"或"封建制"的。他们的看法更接近功能主义，他们有的相信他们的习惯、风俗和思想传统有现实的存在理由，有的则看到，他们的社会与远方的某些社会之间的相似性，只能说是偶然产生的。他

们与结构 – 功能主义者一样，不愿意相信这一相似性有什么"历史必然性"可言。这种看法的存在是不是表明新人类学还是比旧人类学更贴近被研究者的心灵？

上述两大类问题本来极其重要，值得善加追问，而我们却还没有看到相关表述。我们看到的作品，优秀者不是没有，但属于"追风派"和"因循派"者，显然最多。

在学科目录里，社会人类学的处境尴尬（这门学科被同时列在社会学与民族学之下），而这似乎并没有妨碍它在认识姿态的"钟摆"中与自己的根基渐行渐远。

如果漠视原典是个问题，那么，这个问题的根源，便不完全是本土性的。可以说，它部分来自新人类学。新旧人类学之间本来并非没有延续性的。比如，对原始社会和古史的兴趣，对归纳法的推崇，对自我/他者二元论的信奉，都是前后相续的，而我们也看到，在新人类学建立之后，还是出现了莫斯《礼物》[1]、拉德克里夫·布朗《原始社会的结构与功能》[2]、列维·斯特劳斯《亲属制度的基本结构》[3]、萨林斯《石器时代经

―――――――――

〔1〕 马赛尔·莫斯，《礼物》，汲喆译，陈瑞桦校，上海：上海人民出版社，2002。
〔2〕 拉德克里夫·布朗，《原始社会的结构与功能》，潘蛟等译，北京：中央民族大学出版社，1999。
〔3〕 Claude Levi-Strauss, *The Elementary Structures of Kinship*, James Bell, John Sturmer & Rodney Needham trans., Boston: Beacon Press, 1969.

济学》[1]等综合比较研究文本；这些文本与旧人类学经典主张有所不同，但气质并没有不同。然而，在其确立的过程中，新人类学在将前人从原有"社会背景中强拉出来"的素材归还给这些"社会背景"时，除了以越来越"令人信服"的方法和修辞，表现着在"大历史"之外从事民族志学研究的效率和价值之外，还对旧人类学施加了意在使之退出历史舞台的批判。

如果说新人类学自身有什么问题，那么，我们似乎可以说，这些问题来自在新人类学的崇新弃旧做法基础上生长出来的"新新人类学"。这种"认识姿态"，在否思了自身的前身（新人类学）的过程中，恢复了前身的前身（旧人类学）的部分习性而不自知。新新人类学追随其臆想中的现实变化，无意识地回到"陈旧的单向进化论"，用它的观念变体（如我在上面提及的政治经济学、后现代主义和后殖民主义）来理解变化，从而相信，在其所在的文明侵袭下其他文明已濒于灭绝。他们有的看到，这些文明留下了一些"遗迹"，人类学家要么可以通过唤醒这些"遗迹"的精神来借以批判主导文明，要么可以对之加以保护，使之被列入"文化遗产"名录。

在这种情形下，写《古代社会》的述评，兴许不合时宜，

---

[1] 马歇尔·萨林斯，《石器时代经济学》，张经纬、郑少雄、张帆译，北京：生活·读书·新知三联书店，2009。

甚至令人困惑。作为一个新人类学的践行者，我本应特别了解新人类学的建立必然意味着旧人类学的死亡，本应能从前者对后者的盖棺定论中理解前者的相对价值，而我却"反潮流而动"，回到一本早已尘封的老书里。这一"吊诡"出于何处？

三

上面引到的埃文思－普里查德的叙述，出自其《论社会人类学》一书的上编，它汇集了1950年这位大师在英国广播公司播出的六篇讲稿，其中，涉及旧人类学的那篇，题为"理论起源"，紧随其后，有"后期理论发展"这个下篇，它与上篇交相辉映。叙述者有意让前者衬托出后者的迥然不同，他把重点放在他参与缔造的新人类学上，并认为要彰显这一后期人类学的特征，便要回到其"理论起源"。

回望经典，有助于我们了解学科"推陈出新"的过程。埃文思－普里查德说的这点，对我启发颇多。然而我想说，它并不等于回望经典的所有理由。

旧人类学经典的解析，自身是一门学问，其本质内容是对一个时代知识和思想的生成过程、总体形态、具体内容，及所有这些与其所处情景之间关系的研究。可以说，这门学问属于"专门史"的一个特殊分支，有其自身学理价值：从其展开，我们既可以洞见一个时代的成就，又可以发现某些"未解之谜"，从而赋予学科以活力。

如何理解？容我费点笔墨给予解释。

《古代社会》是 1861—1871 年间出现的一系列对古今社会习俗展开综合研究的作品之一。基于此书及马克思对它的摘录，恩格斯写就了《家庭、私有制和国家的起源》。在 1891 年为此书第四版所写的序言中，恩格斯比对了若干经典，先将摩尔根的非宗教解释与巴霍芬等的宗教解释对立起来，再将摩尔根的群婚说与麦克伦南多偶说对立起来，从而将《古代社会》一书与几乎所有其他人类学早期经典划清了界线。[1]

恩格斯不归属于任何学派，作为思想家，他有理由站在他所以为的理论高处，将《古代社会》视作一枝独秀。与恩格斯不同，专业内从事研究的学者，多数会像埃文思 – 普里查德那样，将它放归其所由来的经典群组中考察。对旧人类学而言，这个群组的"成员"不止一个，而是多个：梅因的《古代法》(*Ancient Law*, 1861) 和《东西方乡村社会》

---

[1] 恩格斯，《家庭、私有制和国家的起源》，北京：人民出版社，1972，第 6—18 页。

（ *Village-Communities in the East and West*, 1871），巴霍芬的
《母权论》（ *Das Mutterrecht*, 1861），古朗热的《古代城邦》
（ *La Cité Antique*,1864），麦克伦南的《原始婚姻》（ *Primitive
Marriage*, 1865），泰勒的《人类早期历史研究》（ *Researches
into the Early History of Mankind*，1865 ）和《原始文化》
（ *Primitive Culture*, 1871）等。[1]

这些经典内容有所不同，有的主要涉及古希腊 – 罗马的
社会生活和制度，有的侧重考察作为文明之源的原始社会。
梅因、巴霍芬、古朗热的著作属于前一类，摩尔根的《古代
社会》则与麦克伦南、泰勒等的作品同属于后一类，前者更
像古典文明研究，后者则在综合中含有更多有关原始社会的
内容。尽管这些经典在内容上有所不同，但它们都一致关注
"人性"的最初面貌，关注人的"自然境界"及其演化，以及
"道德境界"的由来。它们的旨趣都是进化论的。

在不同程度上，这类进化论的历史叙述，都奠定在他
者 / 我者、自然 / 文化、野蛮 / 文明的二元论基础上，都一
面将"野蛮他者"视作处在"自然境界"之上，与"文明我
者"有鲜明差异的类别，一面将他者视作我者的"童年"或
"祖先"。

---

[1] 埃文思 – 普里查德，《论社会人类学》，第 21 页。

在旧人类学中，来自英国的经典著作，所占地位最为突出，这不是偶然的。这些作品被写作和出版时，英国正处在维多利亚时代（1837—1901 年）工业革命和帝国扩张的巅峰。进化论这种旨在论证欧洲文明成就的思想方法，在那里得以出现，是时代使然。而那个时代的来临也并不突然，其现实的变局，其"进化论突破"，固然与更久远的西方宇宙观基础及地理大发现、宗教改革、资本主义萌芽等"多声部交响"有关，但与此前一个世纪的积累，关系最为密切。

对于这点，人类学史领域最杰出的学者史铎金（George W. Stocking Jr.，又译"斯托金"）给予了重点关注。在其《维多利亚时代人类学》[1] 一书中，史铎金分析了旧人类学"进化论突破"的前因后果。为了将这一突破置于由复杂的知识 – 思想史线条交织起来的历史背景中考察，他详细检视了启蒙运动至维多利亚时代早期，文明 / 文化概念、自然理性观念、进步时间观的兴起，此间民俗学对于欧洲内部民间风俗中的古史因素的重视，考古学对原始人的发现，自然史时间观的革命，以及达尔文《物种起源》一书出版前夕，"人类心理一致性"观念的诞生。通过勾勒出这一复合的知识 – 思想史背

---

[1] George Stocking , *Victorian Anthropology*, New York: The Free Press, 1987.

景，史铎金为我们展现出了一幅人文进化论和旧人类学的历史图像。他表明，维多利亚时代人类学的构建，离不开 18 世纪以来各种观念和知识（如民俗学、考古学、宗教学和生物学知识）的汇合。

史铎金为我们提供一个机会，以社会史和知识 – 思想史为角度，鉴知旧人类学的"多元一体格局"，也为我们提供一个机会，从各自的兴趣点出发，在一个逝去的时代里寻找与我们的时代相关的动态。

从《维多利亚时代人类学》中，我得到不少启迪，在这些启迪中，与这里的论述相关的主要有以下两个：

其一，旧人类学具有的哲学性；

其二，西方进化论的自然历史时间观与其对立面——即内在于"民族精神"的时间观——之间的张力，及这一张力的复原所可能给新人类学的再形塑带来的刺激。

关于 19 世纪旧人类学的哲学性，必须指出，它主要来自启蒙思想，且与后者之间的关系是双重的。

旧人类学主要代表人物比启蒙思想家更为实证，他们进行了更广泛的归纳，在进行分析比较研究时，更系统地使用更丰富的经验知识。同时，他们大多抱怨他们的启蒙哲学家在理论上猜想过多，在论证上似是而非，以至于彻底失去"求真"的条件。换句话说，他们的志业在于创造一种不同于

"我思"哲学的"非思"人文科学。[1]他们主张不加主观干预地搜集经验素材，并认为要提出理论，先要运用归纳法对经验素材加以排比、联想和给出历史因果关系的解释。

与此同时，对其研究和陈述方法有抵触甚至批判的旧人类学，因袭了启蒙哲学的许多主张。其运用的归纳、比较的方法，是启蒙哲学家确立的。其问题意识，也始于启蒙哲学。启蒙哲学家惯于在教会与新兴"世俗政府"和"市民社会"之间起中间作用，其提出的理论大多与此相关。经典人类学家之所以注重宗教和亲属制度的比较历史社会学研究，正是因为这两个领域对应着教会与"世俗政府－市民社会"。在对这两个领域进行研究时，他们更是因袭了启蒙哲学的"原始人幻象"。

启蒙哲学家内部分歧严重，但各派对后来人类学家专门研究的原始社会均加以集中关注。以对近代文明论有奠基性贡献的法国和苏格兰启蒙哲学为例，其中，孟德斯鸠的名著《论法的精神》（*De L'Esprit des Lois*，1748）便含有大量有关不同原始民族外部生存环境、内部组成和"文化"（信仰、习俗、礼节以及民族气质）的论述。从孟德斯鸠起，一批法国

---

[1] 福柯，《词与物：人文科学考古学》，莫伟民译，上海：上海三联书店，2001，第229—506页。

哲学家相继做出了"社会学"意义上的研究，这些研究富有理性主义色彩，对文明进程特别关注，同时又主张整体和历史地看社会，并为此大量引据来自原始社会的证据。在英国，苏格兰道德哲学家如休谟、亚当·斯密等坚持社会不是社会契约的产物，而是一个自然体系，是由人性派生而来的。为了"人性的证明"，那里的启蒙哲学家也极其重视原始社会，他们综合了许多来自不同区域的民族志素材，用以阐述自然道德、自然宗教、自然法理学等（如洛克依据有关新英格兰某狩猎群体的记述，推测出宗教、政府、财产的演化线条，与法国的卢梭凭借有关南美某社会的记述勾勒出蒙昧人的"自然状态"如出一辙）。

无论是法国哲学家还是苏格兰哲学家，都信奉改良、改善或进步的法则，都用比较法来论证人性及其完善的进程。他们将自己的研究视作"人的科学"，而这一"人的科学"不但是经验科学，而且也是规范科学，它旨在基于社会中的人性之研究为社会提供我们可称之为"世俗伦理"的东西。

对于经典人类学家的著述，埃文思 - 普里查德评论说：

> 我提到的那些作者以及他们之后的作者，都采用这种方法写下了大量作品，试图说明制度起源和发展的规律：从群婚到一夫一妻制婚姻的发展，从财产公有到财

产私有制的发展，从等级制到契约制的发展，从游牧生活到工业社会的发展，从神学到绝对科学的发展，从泛神论到一神论的发展。有时，特别是在处理宗教问题时，往往从哲学家称之为人性的心理起源方面和历史起源方面寻找解释。[1]

经典人类学家的确关注制度起源和发展的规律，他们从事原始社会研究，正是为了从中找到这一规律。然而，他们之所以特别关注那些相异于西方的"社会习俗"，如群婚、财产公有、等级制、游牧生活、"神学"、泛神论等，并不只是为了说明最初的人文世界的面貌，他们更关切的是一夫一妻制、财产私有制、契约制、工业社会、绝对科学等的由来，而这些早已在启蒙哲学家那里以相通或不同的概念加以讨论。

作为一种问学方式，旧人类学与启蒙哲学的关联，值得引起身处新人类学中的我们的重视。

新人类学给我们带来了具体而联系地看文化、整体地看社会、内在地看秩序的知识新风尚，也给我们带来了平等看待不同社会、宗教和哲学传统"和而不同"的价值观。然而，与旧人类学相比，新人类学的哲学含量显然减少了，这兴许

---

[1] 埃文思 - 普里查德，《论社会人类学》，第22页。

可以说是在纠正旧人类学的"大历史"偏差中付出的过大的代价。

在新人类学中，不乏勤奋运用"中层理论"的学者，也不乏想从民族志学的案例研究中提炼出能肯定或否定既存哲学理论的学者。不过，这些优秀同人因担忧归纳和比较会再度引向文明的臆想，他们多数选择始于个案、止于个案。因而，他们即便有雄心要将观察所得与哲学理论相联系，其采取的办法，也多为个案否证法或个案证实法。借助这些方法，他们有的致力于证明某某西方哲人的某某论断不符合他们研究的某某社会共同体的"存在本质"，有的致力于论证他们在某某社会共同体耳闻目睹的某某情形或故事完全如同某某西方哲人的某某玄学所形容的一般。马林诺夫斯基借美拉尼西亚案例对弗洛伊德的批评，近期大批人类学家对海德格尔的引用，即属于两种"民族志学与哲学对话"的范例。这类对话，固然还是有其魅力的，但这类将哲学当作靶子或真理的做法，显露出新人类学忌讳哲学的心态。这令人怀恋旧人类学的"胆大"和"自信"（若不是出于"怀旧"，列维·斯特劳斯便不会反乃师莫斯之道而行，试图跳出"土著概念"的圈套，通过联想和综合，探寻沟通不同文明的"语法"了）。

当然，应强调，对旧人类学的回归，应坚持应有的反思性。经典人类学家依据的民族志资料，多数出自业余爱好者之手，它们不是遵照严格的研究程序采集的，不仅零碎，而且带有这些业余爱好者（他们多为殖民地官员、商人、军人等）的偏见。即使这些资料算得上有一定价值，我们也必须看到，它们都与当时的社会有机地联系在一起，但经典人类学家自视为"天职"的志业是书写"大历史"，他们为了自己的"天职"，将这些资料反映的事实强行从他们所在的社会分割出来，使它们丧失与其所在社会的联系，成为研究者掌控的知识财富。旧人类学的叙事让人以为，只有在古希腊、古罗马和德意志开拓出文明视野之后，世界才进入政治理性或道德境界。以今天的观点看，这样的历史心态，荒谬之处极其显然。如前述，在将启蒙哲学的"我思"转化为经验人文科学的"非思"中，旧人类学完成其"大历史"构想，这一构想，存在着将自己的（西方的）文明视作世界其他文明的未来的问题，这一问题，迄今仍存在。比如，活跃在新人类学时代的法国神话学家韦尔南（Jean-Pierre Vernant），带着"观念形态"的概念展开古希腊的研究，这本应使他比一般古典学研究者更有分析和批判性，但韦尔南有意无意在书中暗藏玄机，从所谓"独特"的古希腊"几何主义"宇宙观入手，证明西方在政治理性上的先进性。[1]

然而,"大历史"构想并非如新人类学奠基人想象的那样一无是处。

在《家庭、私有制和国家的起源》一书《第一版序言》中,恩格斯曾明确提出其对《古代社会》的一个值得重视的评价:

> 摩尔根的伟大功绩,就在于他在主要特点上发现和恢复了我们成文历史的这种史前的基础,并且在北美印第安人的血族团体中找到了一把解开古代希腊、罗马和德意志历史上那些极为重要而至今未解决的哑谜的钥匙。[2]

对恩格斯而言,在决定论意义上,《古代社会》以独特的方式,"重新发现了四十年前马克思所发现的唯物主义历史观"[3],在历史构想上,它则与 19 世纪其他西方人类学早期著作无异,"发现和恢复了我们成文历史的这种史前的基础",

---

〔1〕 韦尔南,《神话与政治之间》,余中先译,北京:生活·读书·新知三联书店,2001。
〔2〕 恩格斯,《家庭、私有制和国家的起源》,第4页。
〔3〕 同上书,第3页。

编织出了一条联通原始社会和古典文明的线条。

对恩格斯加诸《古代社会》的历史唯物主义解释，及其在苏联和新中国前三十年实行的民族志学转化，我在书中已给予了讨论；而对恩格斯指出的摩尔根的另一个贡献，我则尚需给出说明。

恩格斯称摩尔根"在北美印第安人的血族团体中找到了一把解开古代希腊、罗马和德意志历史上那些极为重要而至今未解决的哑谜的钥匙"。这句话有两方面含义。一方面，它指向旧人类学那种将所有社会置于"自然史时间性"之外考察的方法，它表明，在诸如摩尔根之类的经典人类学家看来，要理解诸社会的本质特征，便有必要确立一种超越所有社会的"外在时间序列"。另一方面，它意味着，西方文明这一催生近代先进性的思想体系，与他者的创造有共同基础，西方文明只是从这一基础上分立出来的。这便是说，经典人类学家的共同志业在于，在他们外在于所有已知人类社会的时间序列与内在于它们的物质或精神一致性之间寻找结合点。

可以认为，旧人类学的根本追求在于用某种超越文化疆界的时间序列来确定不同社会的历史性质。在这一追求下，包括摩尔根在内的经典人类学家必须先把近代西方文明的形态设置成存在过的和依旧存在的"其他文明"历史进步的目的地。无论他们如何感知和评价近代西方的一夫一妻制、财产私有制、契约制、工业社会、绝对科学，对他们而言，客观上，这些制度都是后发的。对于非西方文明，这些制度和认识的方式是新颖的，但在西方，其"初级形式"却可追溯到古代（如恩格斯说的"古代希腊、罗马和德意志"），可谓是西方文明的特征。这些特征共同构成了一个与民族志学家呈现出来的"史前基础"之间的破裂，但这个破裂要产生，便需要积累，而要历史地把握这一积累的样貌，便要将西方文明的"初级形式"与原始社会习俗历史地联系起来。为此，经典人类学家必须博览群书，不仅要精通印欧、闪米特、东方诸区域的"圣书"，而且熟知业余和专业的民族志学作品；不仅要沉浸于他们的"民族志世界"，还要将自己的见闻与古典文明研究的成果联系起来。

对于西方文明诸因素在古代基础上实现的近代系统化，多数启蒙哲学家和经典人类学家不仅乐见其成，而且努力地自觉担当其纲领制订者的角色。

然而，在旧人类学中，似乎还隐约存在某种"另类认识姿态"。比如，摩尔根即身体力行，志在表明联结原始社会与西方文明对于现代人文世界有着高度重要性。可以认为，这便出于某种"另类认识姿态"。

这一"另类认识姿态"在"大历史"中的存在，不是没有背景的。在很大程度上，它来自内在于启蒙运动的批评思想。

对于文明进步论及进化论，启蒙运动至旧人类学之间的两个世纪，多数"知识阶级"身在其中，作为局内人，他们中有些人致力于推进这一观念，有些人则心存疑虑。那个时代，不仅有理性－智识主义者，也有反理性－智识主义者，不仅有自然主义者，也有神秘－情感主义者。对于"大历史"，乐观主义的文明进步论占主导地位，但不是没有对立面。在近代之前，欧洲知识－思想史中，相继有黄金时代经白银时代、青铜时代、英雄时代衰降至黑铁时代的历史时间序列"神话"，及世界末日的宗教思想。在启蒙运动中，这类对历史衰降的"感知"，时而也会在"高贵的野蛮人"、城市生活的"恶之花"之类意象中得以部分再现。更重要的是，如史铎金指出的，18世纪德国哲学系统抵制了外在于任何"民族精神"的"大历史"时间感。在抵制英法文明进步论中产生的德国"文化"观念，刺激了关于浪漫主义的历史想象。这一想象不将历史的时序视作是外在于社会的，而将之与诸民族及其历史的"内在本质"相联系。到19世纪，这一想象已在德国的史学和比较哲学研究中得到了广泛运用。德国学者从中推导出的历史认识，大多带有文化多元论的色彩。他们大多将"文明"限定在物质文化领域，相信历史时序的决定因素是"文化"，亦即"文明"的精神方面，也相信这一精神方面是民族性的而非超民族性的。[1]

启蒙和旧人类学的分歧诉诸文字，这些文字既已成为历史文献，给后世的看法提供了参照系。正是诉诸这个参照系，列维·斯特劳斯这位 20 世纪大师才可能在卢梭的著述里找到热爱"野性思维"的理由[2]，众多其他新人类学家也才可能从维科的"诗性智慧"、赫尔德的"民族精神"、哈曼的"巫师激情"中获得被笛卡尔和康德拒之门外的灵感。[3]

可以想见，启蒙运动同时存在"阴阳"两面，其势力关系，既是结构性的又是历史性的，二者在历史时间中的势力此消彼长。就其在人类学学科中的表现看，在经典人类学时期，进步理性势大，在新人类学时期，它的势小。而对反因素亦随着时间推移而发生势力变化，维多利亚时代，它的势小，但随着 20 世纪的来临，它紧随"文化化"的脚步，至少在北美获得了主导地位，而这一可谓"德国因素"的东西，也在普遍主义占支配地位的英法新人类学中谋得一席之地（埃文思 – 普里查德的人文主义人类学，便是一个表现）。

---

[1] Stocking, *Victorian Anthropology*, pp.20−25.

[2] 列维·斯特劳斯，《关于人的科学的奠基人让 – 雅克·卢梭》，载其《结构人类学（2）》，第 433—442 页。

[3] 以赛亚·柏林，《启蒙的三个批评者》，马寅卯、郑想译，南京：译林出版社，2014；Louis Dumont, *German Ideology: From France to Germany and Back*, Chicago: University of Chicago Press, 1994。

文化与文明的观念对立，确实曾形塑了西方新人类学"国别传统"及其与非西方民族志学的差异。然而，是不是这些差异导致了"冷战"和"文明冲突"？传承"原始蛮性"的文化论，是否必然如埃利亚斯[1]想象的那样，比近代西欧文明论大传统更易于滋生血腥？如果是这样，缘何即使是英法普遍主义社会人类学解释，都选择了作为启蒙中的反启蒙因素的文化论？相比于西方新人类学，20世纪80年代以前的一个相当长的阶段中，西方之外的国家坚持进化论，是否有其更深层次的理由？这些问题，易于引发争议，但难以回避。

在我看来，启蒙运动的历史时间双重性，既是知识－思想史事实，又具有促发理论再思考的潜力。

如果说摩尔根是在非西方土著部落民族中找到了古代希腊、罗马和德意志文明的史前基础，那么也可以说，他是从外在于西方"民族精神"的"他者"中找到了构建历史的"客观"元素。矛盾的是，在"化合"这些元素时，他不加质疑地将西方文明当作有史以来文明最突出的地标。他将这一地标作为超文化的"外在历史时间"，并为它找寻内在于原始文明的证据，殊不知所谓"外在历史时间"却一样是来自

---

〔1〕 诺贝特·埃利亚斯，《文明的进程：文明的社会发生和心理发生的研究》，王佩莉、袁志英译，上海：上海译文出版社，2009。

于文明之内的，只不过这个文明是西方的，是在西方文明的局部土壤上生长出来的累积性历史时间观和科学宇宙观的衍生物。

这个吊诡，似乎普遍存在于经典人类学中，在新旧人类学过渡阶段中以相当有启发的方式保持着旧人类学风范的弗雷泽，亦莫能外。在其名著《金枝》[1]中，弗雷泽用来自意大利丛林的祭祀神话"包裹"来自世界各地的有关死亡和复生巫术和禁忌仪式的民族志、民俗学和历史记载，将其对历史的巫术、宗教和科学三分法深藏于一部如史诗一样引人入胜的作品之中。在被其认为的三个时代当中，弗雷泽用力最多的是巫术时代，次之为宗教时代，他令科学时代在文本中滞留于依稀可见的境地中。然而，恰是那个仅是依稀可见的科学时代，为弗雷泽提供的历史时间的唯一参照。

兴许是因为看到了启蒙和旧人类学运用的那一所谓超然世外的历史时间的西方本质，清末的康有为才一面接受西来的积累性进化时序，一面引据古代中国的治乱观点，将这一时序界定为据乱、升平、太平三世的递进。而他似乎也正是出于对西方"民族精神"世界化的警惕，才一面接受西来的

---

[1] 弗雷泽，《金枝》，徐育新、汪培基、张泽石译，北京：商务印书馆，2013。

积累性纪年法，一面试图以孔子历替代"耶稣历"的。[1]

前面我提到，盖尔纳在比较苏联与西方民族志学时说，前者倾向于从"客位"来理解"ethnos"，后者则倾向于坚持"主位"看法。其实，苏联引领的那种"客位民族论"和与之相关的历史唯物主义历史观，也并不是纯"客位"的，因为，它经常与从德国浪漫主义历史观中得到激励的"民族自觉"运动相交织。

无论文明进步论，还是"民族精神"，都是人类中心主义世界观，它们在这个世界观形塑的历史时间形态上相互有差异，但在一个问题上却是一致的：这些历史时间形态，固然都与人对宇宙的认识相关，其"历法"可谓是这一认识的结果；然而，作为与自然相分以至对立的文明或文化的组成部分，这些时间形态并不等于宇宙的动态本身。宇宙的动态，是否才是决定"在世界中存在"的方式？

四

在西方，19世纪末20世纪初，诸如罗伯逊·斯密、马

---

[1] 王铭铭，《升平之境：从〈意大利游记〉看康有为欧亚文明论》，《社会》，2019年（总39卷）第3期，第1—56页。

雷特、弗雷泽、涂尔干、列维·布留尔、莫斯等社会人类学家，及在文明起源研究上见解有所不同的拉策尔、巴斯第安、史密斯、波亚士等传播论–文化区民族学家，在继往开来中，持续致力于构想原始与文明之间的历史关联，追寻人文世界的"原初形式"。此后的一百年，在回溯先辈功业中偶尔也触及那个"原初形式"的人有之，但他们成了极少数，其他绝大多数人则成了"历史构想"的激烈或温和的反对者。

在东方，同时期，这些不同流派被用于服务"国族营造"的学术工程，有的（如传播论–文化区民族学）被当作民族史研究的智识资源，用以促进国家的整合，有的（如功能和结构–功能社会人类学）被当作现实社会生活研究的方法，用以把握传统与现代的复杂关系。[1]到 20 世纪后期，在相当长的时期里，国内前辈带着"建设新中国"的关怀回到转化了的旧人类学中，在刚被识别出来的少数民族中从事深入的田野工作。他们所完成的研究之扎实、所采取的比较视野之开阔、所怀有的"大历史"关怀之深切，甚至令人不禁感念 19 世纪的经典人类学。遗憾的是，从那个既已逝去的年代的总体形貌角度看，这些值得称颂的成就又像是易碎的器皿，经不起折腾，相较而论，经得起折腾的——竟被列氏不幸言中——就是那种

---

[1] Wang, "The West in the East: Chinese Anthropologies in the Making".

"不愿永远自视不同"的主张。这一主张反对文化上的好古主义，但它不等于"西方主义"（"-ism"通常也含有"学"的意思，如 Americanism 和 Africanism），因为，它如德国的浪漫主义对法国的进步理性的抵抗一样，在祈求文明现代性中含有对它的抗拒，表面"他者为上"，实则并非如此。这一主张无视"各美其美"的重要性，又时常"钟摆"到"他者为下"这另一个价值观方向上，在"各美其美"中，无缘于"美人之美"的境界。[1]在它的庇荫之下生长出来的存在体，能借助摩尔根在殖民化国家（美国）内的"少数民族"（印第安人血族团体）中找到的那把"钥匙"，得出某种有关未来的"论断"，却不能将同一种方法用于跨文化（inter-cultural）理解，更谈不上对"超文化"（trans-cultural）的境界有什么兴趣了。

在现代性成为"殖民文明"的过程中，我们这个背负天下负担进入新世界的国度，曾有过许多比部落酋长和巫师高明的人文学者。他们有的从"我者为下"的阴影中脱身而出，深入那些被列维·斯特劳斯笔下的民族鄙视的传统之中，以求索其"性命"为己任，有的则返身而入"他者为上"之境，在那里，思索着"极西"文明的源流与价值。相形之下，在作为现代世界体系的组成部分的社会科学中，对某些所谓

---

〔1〕 费孝通，《论人类学与文化自觉》，北京：华夏出版社，2004。

"理论"的不求甚解式的运用，早已将"我者"化为被分析和解释的数据，将"他者"奉为从事分析和解释的"主体"。如果说这一在东方被运用的社会科学还有什么自己的"主体"的话，那么，这个"主体"充其量只是在其所框定的国内被研究者面前才得以梳理自身的形象，而即使是在这类情况下，其"主体"形象依旧要凭靠使他们不求甚解的"域外主体"来加以塑造。正是出于这个原因，我们的社会科学的"西方主义"，既不真的是"西方学"意义上的"西方主义"，又不真的是"东方主义"，它是在二者之间接近真空的范围内谋求"生存权"的存在体。

通过有改变地运用新人类学原理，解释经典人类学家早已关注的"文化遗存"，如中国东南的家族组织和礼仪、祠庙的空间格局和节庆、历史的"治乱"，西南的物质文化、土司制度与文明的复合性，乃至留存或被重新创造的各种欧亚大小传统，我兴许还算是给先贤献上了一份微薄的"供品"。然而，我并没有幸免于社会科学的"精神分裂"。我可谓正是上述存在体中的一员。

我时感自己是个七十多年前费孝通先生戏称为骑着瞎马的"知识阶级"。然而，问题似乎不只是没有在规范知识的"体"和技术知识的"用"之间找到结合点，似乎不只是在丧失了道统之后"有了不加以实用的技术知识，但是没有适合于现代社会的规范知识"[1]，它似乎比费先生告诫我们的更加严重。我归属的这个"盲人"集体之所以盲，是因为他用了他人的眼睛换了自己的眼睛，用他人的"体"换了自己的"体"，而在置换的眼睛或"体"之后，却从未对这两双眼睛、这个"体"有真切的了解，我们"知识阶级"急忙地将来自"极西"的"体"转化成了"用"。

摩尔根《古代社会》在一个历史阶段的教条化，本质上就是因为"体"转化成了"用"。如果这一理解离事实不远，那么，重读经典的工作，便必须有恢复这个所谓"体"的本来面目的旨趣。而要做到这点，对于我们所读的经典，我们也要采取新人类学的方法加以总体审视，要对它们的每一部进行民族志学研究，要"进得去，出得来"，不能陷入其中不能自拔，要在从事经典的个案"参与观察"和志书性质的描述之后，对不同经典作联想或比较，由此获得对其同时代作品的尽可能完整的理解，并将这一所要得出的理解置于历史情景中考察，找到文本与情景之间的原有关联。

对于旧人类学的整体把握，教条化固然无益，新人类学那一通过经验主义主张的运用对学科实施的去哲学化，作用也不

---

〔1〕 费孝通，《论知识阶级》，载于吴晗、费孝通等著，《皇权与绅权》，天津：天津人民出版社，1988，第21页。

见得正面。旧人类学为新人类学奠定了学科话语基础；[1]当它与启蒙哲学和"大历史"的关联被新人类学切断之后，学科付出了高昂的代价，损失了一些原有的"软实力"。

要挽回损失，唯有借助上述方法，回到被丢进"历史垃圾箱"的旧人类学中去，重新发现这些早期经典的思想价值。

对于摩尔根那代经典人类学家在文明中的地位，人们可以有不同的理解。然而，我却确信那代人是一个更大历史情景的内在组成部分，他们使用的方法和得出的结论，后人可以给出负面评说，但这些评说无法颠覆一个事实，即，如果说那代人缔造了一种人类学，那么也可以说，这种人类学拥有高度的"大历史"意识，有了这种意识，他们的研究便不局限于人类学，也富有哲学意味。这种视野开阔、与哲学不分的"人的科学"，兴许会因比"我思主义"的哲学更注重"非思"而在思辨上难以超越哲学，也兴许会比"格式化"的学科更为界线模糊而有碍知识的社会分工和利益分配（摩尔根本人不是一位"职业人类学家"），但在一个知识零碎化时代，它的模糊性和"无用性"，却弥足珍贵。

在时间从这种"人的科学"身边流过之后，那一部部经典成为一座座丰碑，我们即使只有时间和精力对其中的一座

---

[1] Stocking, *Victorian Anthropology*, pp.314–323.

投以凝视的目光，也会给自己带来精神的滋养。当然，必须重申，这并不意味着应该教条地或不假思索地迷信经典。我们应当容许自己发现经典所没有妥善处理的矛盾，其中包括文明与文化的矛盾，理论与经验的矛盾，普遍与特殊的矛盾，外在性与内在性的矛盾，变迁与延续的矛盾……因为，鉴知了种种矛盾，我们会在内心生成与之相关的某些"问题意识"；其中一个是，如何处理外来与内在的历史与"世界智慧"之间的关系？摩尔根对技术和社会结构的同时关注，梅因、巴霍芬、古朗热、麦克伦南对礼法、神话、家族、婚姻的诠释，泰勒对泛灵论的延续与历史转化的辩证，弗雷泽对巫术穿过宗教默然与科学构成的联系的"认证"，都从各自角度触及了这个问题。在他们的"大历史"叙述中，经典人类学家尤其重视考察超人间的物的因素和神圣性的因素，重视从这些因素的"化合"中，找寻"超文化"历史时间的自然或神圣根基。我感觉到，在新世纪，有必要回到这些解释，尤其是回到这些解释中的那些非自我中心、非人类中心的部分，以它们为线索，寻找联结历史与宇宙的纽带。

还应表明，不迷信经典，意味着在贯通新旧人类学中，守护新人类学的那一尊重被研究文化的传统。因为，正是这个在非西方世界尚待被理解的传统让我们鉴知了旧人类学"大历史"叙述的西方中心主义的问题，正是这个传统让我们的心灵向我们在研究中遭遇到的"当地观念"或"非正式哲学"开放，而这些观念或哲学，包含着不少有助于我们理解历史与宇宙关系的因素。

在那些曾经被西方新旧人类学视作被研究对象的社会中，既已出现化客体为主体的努力。这些努力起初鉴于殖民主义话语支配问题而曾转向"土著研究土著"，或更准确地说，"公民研究自己的社会"的社会学。过去几十年来，这种社会学的漠视被研究者视角、局限于国族体制、对人间之外的世界不加追究的弱点，慢慢显示了出来，使学者们看到，这门学科几近天生地具有西方文明自负偏向。他们返回了人类学。时下，非西方人类学家正在争取获得世界身份，如同不少被国族纳入其中的少数族群正在争取其国内学术话语权一样。他们不甘滞留于"非西方"这个政治地理概念所限定的那个空间中，不甘服从外界对其所在文明的"地区特殊性"的规定，他们试图从"地方"的地位脱身而出，因而，他们用世界性来形容"土著人类学"。与此同时，他们拒绝用西方的普遍主义或文化相对主义来界定这种知识，而倾向于用"特殊世界性"来理解它。然而，这种特殊世界性的根基何在？它几乎唯有从殖民现代性传入之前的状态中发现，而这一状态又一向是西方人类学家所致力于"把握"或"理解"的。几乎是在命定之中，非西方的特殊世界性人类学正在与西方新旧人类学结合产生某些别致的综合体。带有"民族精神"的浪漫学者们，兴许并不愿意承认这些综合体的文明杂糅本质。不过，如果它有助于我们迈向历史与宇宙之关系的重新领悟，那么，它也是有益的，值得期待的。

作者

2019 年 8 月 3 日于五道口家中

引 言

多年前，我接受了一个解读人类学名著的约稿，在思索该选哪本名著时，我想到了许多人类学家的名字，如弗雷泽、马林诺夫斯基、拉德克利夫·布朗、波亚士、葛兰言、莫斯、列维·斯特劳斯、特纳、道格拉斯、杜蒙、格尔兹、萨林斯、斯特雷森……就是没有想起摩尔根。

没有想起摩尔根，不等于不知道摩尔根；恰好相反，没有想起摩尔根，是因为这个名字对我来说太过沉重。由于沉重，我提出了一两个其他选题，策划人都觉得不满意，坚持要我写摩尔根与他的《古代社会》。抵触情绪是有的，但后来觉得这样也好，就沉重的摩尔根说点什么，不也有它特别的一面吗？

从令人郁闷的摩尔根，追寻令人激扬的摩尔根，这就是这个"特别的一面"的特殊感召力。

我这代人，在知道人类学以前就知道早已声名远扬的摩尔根，他几乎是我上大学时老师介绍的唯一非马克思主义人类学大师。那时老师布置的阅读书目，除了摩尔根，就是一些围绕摩尔根的著述展开民族学和人类学辩论的文章。先不提摩尔根的名著《古代社会》，就说围绕着它展开的争鸣吧，当年人类学界的学术争论，实在与我们今天很不同。今天学术争论的对象不一定局限于对某一本书的某一个观点如何理解，还可能涉及所有可能被意识到的问题。过去除了人类学与其他学科之间关系的论辩外，引起我的老师关注的，大多限定于与摩尔根有关的"原始社会分期问题""婚姻形态""国家起源问题"，等等。我私下常想，那时诸如此类的学术争论有点像古时候的"经学辩论"，其争论的前提，是假定摩尔根所说的基本都是值得相信的。

我从不怀疑老师的诚意，他们至少有一点是可敬的，那就是，他们坚信，为如何理解真理去争论是值得的，而当下我们似乎已失去了这种值得景仰的信念。不过，在"摩尔根一言堂"里被不断重复的宣言所烟熏火燎，我有时缺乏耐心，感到厌倦。厌倦以外我也想不出别的辙，为应付考试，我有时真的必须仔细阅读《古代社会》。阅读使我难以不发现被阅读的东西的问题。发现问题的阅读，现在已被"后现代主义者"定义为"解读"了。而我当时绝对没有这一先见之明，甚至连这种抽象概念都不懂。说心里话，到了现在，我还是不怎么理解为什么要将"阅读"说成"解读"。"解读"与"阅读"都是从外文翻译来的，它们原来都是一个词，即

"reading"。人们现在用"解读"来翻译"阅读"，通常是为了表明，我们能在"阅读"中"解构"（deconstruction）、"批判"（critique）原来的思想框架。大学时代，我自然不可能有这个认识，我只是有一次鼓起勇气在课堂上就专门讲授依据摩尔根《古代社会》的资料和论点延伸出来的课程提出自己的疑问。结果是碰了一鼻子灰。看来，老师真的相信《古代社会》代表真理，因而，他可能也真的相信，摩尔根的探索相当于基督的受难，学生不该加以怀疑。

到就读硕士学位期间，我接触到更多的美国人类学"历史具体论派"，知道这个派别生发于《古代社会》之后，几乎全部理论思考都是沿着与摩尔根模式相反的路线延伸出来的。早在 20 世纪三四十年代，老师的老师林惠祥先生已系统介绍了他对于这个学派的认识[1]，但 20 世纪 80 年代初的几年，直接教我的老师们却似乎彻底忘记了他们的老师教的知识。直到 80 年代中期，更多的翻译作品出现了，我们从阅读的教材和论文里偶尔能看见不同于摩尔根的人类学论调。那时，幸运的我偶然得到一个机会，被教育部公派，带着被转述的摩尔根给我的人类学知识到英国学习社会人类学。出乎我的意料，伦敦有个别老师竟然知道我们中国人类学的"秘密"，他

---

[1] 林惠祥，《文化人类学》，北京：商务印书馆，1934。

把这个"秘密"传到系主任那里，让它成了一个公开的知识。系主任根据判断对我说："只知道摩尔根等于不知道真正的社会人类学。"可怜的我，被他"强迫"从零开始阅读社会人类学经典，而在这些经典中，竟寻找不到我已经熟知的摩尔根的那本书。

我算是"混过关了"，我终于脱离了摩尔根加给我的"古典人类学进化理论"，一只脚留在英国的社会人类学里，另一只脚踏进了"后现代人类学"的领地，提交的论文让洋老师觉得有个别新异之处，他们让我毕业。我带着"新的知识"，从事了几项研究，此后回了国，开始了人们所说的"学术生涯"。

因为是在我上面说到的"摩尔根一言堂"里成长起来的，所以，我这些年来写了很多文字，总是避开"摩尔根"这三个字，即使有时不得已为了遵循学术史自身的规律提到它，也只不过一笔带过，或者只不过从表面上使用"现代人类学"这个名词，以便使"后留洋"的我与摩尔根的"古典人类学"区别开来。直到被别人出于好意硬要我"解读"摩尔根的《古代社会》之前，我从没有发觉自己坏事了——这些年来我居然用那么多笔墨抹去了这个名字和总是与它连带出现的书名。若是能给自己一点安慰，我可以说，究其原因，这确是因为我随着年龄增长已将这本经典名著及其知识体系淡忘了。

不过，必须承认，"遗忘"还与另一个方面的事实有关：在我的"学术生涯"初期，摩尔根这个名字带来的沉重压力恐怕尚未减轻到我可以承受的程度。我一直不能动笔，直到最近，我才突然觉得，摩尔根是值得我来冒险书写的，于是我有了写他的冲动。

当时，我在北京大学教"社会人类学"这门课，有一次上课时我不知怎么回事突然问学生摩尔根是谁，结果无人能够应答，只有个别考古系的研究生嘟哝着说："是《古代社会》的作者。"我能理解，不了解摩尔根，在当下已不算什么过错，逝世超过百年的他，已是彻头彻尾地过了时的人。即便是根据世界社会思想趋势的轨迹来判断，我对学生的无言以对也不能有太多意见。在当今世界人类学里，摩尔根的确是在讯讽中被忘却了，甚至与摩尔根有些许关系的那些名字，也连带着遭受这种命运。于是，在理解学生的同时，我也突然觉得摩尔根这个名字愈加沉重起来。当它被人们不断重复地宣扬的时候，对它有点厌倦，是正常的。但是，当大多数人已经忘却它时，我却一时觉得它难得了。

一如我企图绕着弯子来表明的，在现代中国的学术史里，过去摩尔根的地位是很崇高的，并且，他的这个崇高地位之建立，是有其中国学术制度史背景的。我在后文中会稍微具体一点涉及这个崇高地位的由来，作为开篇我只能简单说，与摩尔根的这个崇高地位有关的是，他的名字几乎已经被当成"国产"的名字来运用了。回想一下50年前的中国人类学，那时有那么多优秀的人类学家被批斗，其罪过是与他们留洋的经历有关。例如，有位给结构－功能主义社会研究说了点好话的前辈，到了20世纪50年代后期成了"大右派"。他告诉我，他成为"大右派"，连他自己都没有想到，到现在也想不通是怎么回事。我们现在都能想象得到，他成为"大右派"的原因之一，正是因为他在摩尔根这个名字被"左派化"的过程中不合时宜地宣扬了点与之不同的"结构－功能主义"！到20世纪50年代，经过苏联理论家传播"梳理"，摩尔根这个名字漂到中国时已代表了我们研究"前科学社会主义历史"的必然模式。摩尔根经过国际共产主义的"国际化"后，随着中国少数民族社会形态研究的深化，逐步成为"本土化"的社会理论。在"国际化"与"本土化"的双重压力下，去宣扬什么与之不同的理论，自然是要被当成"帝国主义"（指除了苏联以外的西方）倒霉下去的。[1]

如今知识分子的日子好过多了，就连那些为西方新左派、

---

[1] 甚至到了20世纪80年代，美国的体质人类学、考古人类学、语言人类学、社会文化人类学四大分科的说法成为"时尚"时，知识分子也不能完全卸掉那个双重压力的包袱。

中右、左偏右、右偏左等等流派所不齿的"大右派"（如哈耶克），也已然成为某些人眼中的"可能真理"，不用说人类学里的其他形形色色的理论了。过去，有人因谈"结构－功能主义"而成"大右派"，现在若是我花时间来重新评估这个流派，那么，肯定会有同行说我缺乏"后现代精神"，也会有同行说我对经济学的"理性"缺乏基本认识，而两者都没有"与国际接轨"的表现。也就是说，具有历史反讽意味的是，在这样一个思想解放的年代里，重新谈摩尔根，其实是需要勇气的。不应忘记，我们生活的这个时代，是一个经济学过于"开明""右化"，其他社会科学门类，依然带着沉重的历史记忆往前爬行的时代。仅从人类学这门学科来说吧，与有些人不满于"结构－功能主义"的同时，与有些人以为"后后摩尔根"还不够"后现代"的同时，摩尔根还是被当成本土化了的人类学典范，稍微有点违背这个典范创立的"规范"，就可能被人指责为"西化"。

在中国的人类学中，摩尔根这个名字因为它的历史崇高地位，因而可能已被误解为一个中国人的名字（当然这完全是用做形容）。在这一跨文化误解的过程中，摩尔根及由摩尔根的论说推演而来的许多毫无中国特色的社会理论，有了自称为"本土社会理论"的机会。于是，时至今日依然有学者用从摩尔根那里得到的认识，来将他人从其他理论那里得到的认识归类为"洋腔洋调"，故意诱使人们忘记摩尔根本人是一个美国人，是过去说的"美帝"内部的一分子。这个现象给了我的写作一项任务，这就是，恢复摩尔根的西方面目，将这个名字与西方其他人类学思想家并列起来评述。而我也相信，只有这样做，才能真正在中国知识分子当中重新树立起摩尔根的旗帜。因而，在这一内容有限的文本中，我试图首先让他脱离我们这个"本土社会思想界"，然后再重新使他与我们的学术史关联起来。下文，我将依照这个顺序来展开自己的论述。

关于摩尔根的生平、学术思想和其"非西方化"的著述，无论是在中国，还是在海外，都堪称浩如烟海。我参考了其中一些我所了解的，它们的出处已列在书后。此外，这里还要预先就个别事实作几点说明：

1. 摩尔根的《古代社会》一书的手稿，与他的文献资料均收藏于美国罗彻斯特大学图书馆。遗憾的是，到这本书写完，我还没有机会前往一读。

2.《古代社会》一书于 1877 年在纽约和伦敦出版原版，后有各种版本。纽约霍尔特公司 1878 年有第 2 次印刷版，1907 年再次印行。人类学家莱斯利·怀特（LeslieWhite）1964 年根据 1878 年版编校出哈佛大学版《古代社会》。1967年，美国世界出版公司又出版重印本。《古代社会》也有俄文、日文和法文译本，于 20 世纪 50—70 年代出版。中文译本，最初由杨东莼、张栗原合译，1929—1930 年由上海昆仑书店出版。1935 年原译者对译本进行修改，由上海商务印书馆作为"汉译世界名著"出版，收入"万有文库"，1950 年分 3 册再版。1957 年，冯汉骥根据纽约通行英文本，参照杨东莼、张栗原合译本进行校译，由三联书店出版；1971 年，商务印书馆重印该校译本，1972 年第 2 次印刷。1975 年中华书局出版《古代社会》线装本（杨东莼、张栗原、冯汉骥译）。1977 年，《古代社会》出版 100 周年之际，商务印书馆出版了杨东莼、马雍、马巨的新译中文本，该书根据怀特的编校本译出，分上下两册。本书所引《古代社会》，采用杨东莼等 1977 年译本之 1981 年重印本。为避免大量重复并符合丛书的总体格式，正文引及《古代社会》时，只标明页码；其他注解另注，且只注作者、时间、书名或文章名及页码，详细情况可参考书后的"引用文献"。

3. 涉及其他 19 世纪人类学经典名著时，因考虑到它们实属众所周知，原初版本亦难追踪，故只在正文注出书名和出版年份，不再重复引用文献部分作注。

4. 摩尔根的生平，在国内已成常识并重复出现于不同的介绍性文章中，为了简洁，这里不拟反复标注众多重复信息的文章出处。

5. 海外关于摩尔根生平和学术的研究书籍已有不少，伯纳德·斯特恩（Bernard Stern）1931年写的《路易斯·亨利·摩尔根，社会进化论者》，通过引述介绍了摩尔根的观点，但该书不准确的地方颇多。雷瑟克（Carl Resek）1960年写的《路易斯·亨利·摩尔根，美国学者》，是一本摩尔根传记，依据的第一手资料甚为丰富，该书除了介绍摩尔根的生平外，对他所处的历史背景也给予了概要的说明。1964年怀特根据几十年收集的关于摩尔根的资料为《古代社会》新版写序，中肯而准确地阐述了摩尔根的生平和观点。近几年也出现了不少关于摩尔根的重要著作，其中托马斯·特劳特曼（Thomas R. Trautmann）1987年出版的《路易斯·亨利·摩尔根与亲属制度的创造》一书，从人类学史的角度分析了摩尔根易洛魁研究的经历、主要概念形成过程和意义。长期以来，诸如此类的著作对摩尔根的生平和观点都存在争论。本书参考了相关文献，但因本书的写作目的是要表述我在重新阅读摩尔根后的体会，故不拟针对这些争论展开考据。

6. "人类学""文化人类学""社会人类学""民族学""比较社会学""民族志"等概念，在世界上运用的方式很多，所指也有所不同。不同之处除了与国别性学术传统有关外，还与特定年代的意识形态分化有关。本书在提到这些概念时，不拟做更细致的区分，而采用以"人类学"为主、其他称法为次的方法。涉及原作者自己采用的概念时，尊重原文。

7. 附录的"摩尔根年谱"，主要是依据怀特的《摩尔根生平及〈古代社会〉》"[1]提供的概述编写的。

8. 本书的写作目的在于让更多新一代学人了解摩尔根与他的《古代社会》，以及了解与这个名字和与这本书有关的学术史，因而它只能是有限的述评，是在读书札记基础上写成的，而非"创新之作"。

2003 年 9 月于北京

---

〔1〕 莱斯利·怀特，《摩尔根生平与〈古代社会〉》，徐先伟译，林耀华校，《民族译丛》，1979。

摩尔根这个人

　　路易斯·亨利·摩尔根（Lewis Henry Morgan，1818—1881）这个名字自从 20 世纪 30 年代起，就已为国人所知。1929 年，《古代社会》的主要译者杨东莼先生将之译为"莫尔甘"，"摩尔根"与"莫尔甘"是同一个人[1]，这个名字代表的那个人，被后人承认为"19 世纪美国最杰出的人类学家"[2]。在我们的印象中，摩尔根是一个抽象的"进步的西方人"。这一点没有错，但更重要的是，我们应记住，摩尔根首先是一个具体的"美国学者"[3]。

　　摩尔根是"资产阶级革命的产儿"[4]，但在我眼里，他的家世更像是农庄主。他的老家在纽约州西部一个叫作"奥罗拉"（Aurora）的村庄里，他生来不是一个"贫农"，而是一

---

〔1〕　杨东莼，《杨东莼学术论著选》，上海：华中师范大学出版社，1997，第 358 页。

〔2〕　Stocking, *Race, Culture and Evolution : Essays in the History of Anthropology*，1968，p.116.

〔3〕　Carl Resek, *Lewis Henry Morgan, American Scholar*，1960.

〔4〕　怀特，《摩尔根生平与〈古代社会〉》，第 9 页。

个富裕的地主的儿子。他的父亲是一位州参议员，也是一位
虔诚的基督教长老会会员。摩尔根的家庭人口众多，他的父
亲有点儿像旧中国社会的地主那样，认为多子多福。摩尔根
是全家 13 个孩子中的第 9 个，他 8 岁时父亲去世。显然是因
为家庭的财力不薄，摩尔根在成长过程中受到了良好的教育。
摩尔根青少年时代在奥罗拉村的卡雨西湖学院学习，1838 年
他考入联合学院，1840 年毕业。接着，他开始学习法律，两
年后获得律师资格。1844 年，33 岁的摩尔根移居纽约州的
罗彻斯特市，直到 1881 年逝世，他一直住在这座城市里。在
罗彻斯特初期，他为投资道路建设和钢铁构件的商人做律师，
发了一点小财，使他能够尽早从律师行业退休，将所有精力
投入到学术研究中去。他将积蓄和藏书捐献给罗彻斯特大学，
使这所大学直到今天还有一个相当优秀的人类学系。

　　有人误以为，摩尔根与其他早期人类学家一样，是受生
物学进化论思想影响而提出自己的社会理论的。[1] 其实，摩
尔根的思想与社会达尔文主义之间还是存在着许多差异的。
在我们中国学习摩尔根的理论时，常会将他的名字与哥白尼、
达尔文以至马克思相提并论，其实这容易使人产生一个误会，

----

〔1〕　童恩正，《摩尔根模式与中国的原始社会史研究》，《中国社会科学》，
　　　　1988。

以为他是一个纯粹的唯物主义的"进步思想家"。事实上，"进步思想家"这个概念只符合摩尔根心路历程的部分面貌。可以猜想，与启蒙运动以后的大多数社会研究者一样，摩尔根确实宁愿将人的起源与生物界的演化联系起来，而不愿迷信"神创论"。可是，他的思想却不纯粹。

《古代社会》这本书，被中国的人类学界长期认定为摩尔根的代表作。在这本书的序言里，我们可以读到摩尔根研究社会发展史时采取的人类进化史态度。这个态度，可以具体表达为如下三个相互连贯的思想要点：

1. 摩尔根相信，那时社会科学家已有充分的证据断言，人类一切部落，在野蛮社会以前都曾有过蒙昧社会，因而，人类史可以依据其文明进程的阶段性，划分为蒙昧时代、野蛮时代、文明时代，人类史的起源相同、经验相同、进步相同。（第 i 页）

2. 依据这一"科学的断言"，摩尔根又相信，作为一位人类学家，他的使命是要回答几个问题：人类是怎样度过已往这些一个又一个的时代的？蒙昧人是怎样以慢得几乎觉察不出的步伐前进，而达到野蛮社会的高级状态的？野蛮人又是怎样经过类似的渐进而最后达到文明社会的？为什么别的部落或民族在进步的竞争中变成了落伍者——有些进入了文明社会，有些停留在野蛮社会，而另有一些则停留在蒙昧社

会？（第 ⅰ —ⅱ 页）

3. 为了给这些问题找到答案，摩尔根说，《古代社会》所要探讨的主要方面，是"四类事实"：（1）制度、发明与发现的历史，（2）政治形态，包括氏族、胞族和部落的演化，（3）家族制度中血婚制到中间过渡形态到专偶制的过渡，（4）财产的占有方面，占有欲望从无到有的演变过程。（第 ⅱ —ⅲ 页）

《古代社会》应该说是摩尔根社会哲学的代表作，而不仅仅是他的人类学论著，这部著作呈现出摩尔根社会研究的总体目标。在摩尔根看来，在人逐步脱离自然界的过程中，进步起最重要的作用。在进步的道路上，"发明与发现层出不穷，成为顺序相承的阶段性标志"。同时，各种社会制度，因与人类的永恒需要密切相关，都是"从少数原始思想的幼苗发展出来的"，它们也同样成为进步的标志。将这些标志综合起来加以比较，人类学家就可以看出人类出于同源，在同一发展阶段中人类有类似的需要，也可看出，"在相似的社会状态中，人类有同样的心理作用"。（第 ⅱ 页）

摩尔根的社会哲学具有一种特殊的双重性。它是在自然史（包括天体演化史）启发下开拓出来的一种人类史视野，同时又是一部不同于自然史的文化进化学说。摩尔根呈现的文化，与人在自然界中存在的状态密切相关，而非神创秩序的世俗实现。摩尔根也企图说服人们相信，只有以人——而非上帝——为中心来考察历史才是科学的。从这两个方面看，摩尔根都像是社会科学里的达尔文。然而，摩尔根在使社会的研究脱离上帝的支配的同时，采取的不单是一种自然史的做法，而夹杂了不少人类中心主义的宇宙观，因此，他的思想与进化论之间的关系，远比我们想象的复杂得多。他并不像我们想象的那样"历史唯物主义"。虽然他的研究和著述带有社会科学的色彩，但是这一社会科学色彩，却大多没有决定论的意味，而部分来自于他的思想与当时美国基督教之间的互动。

值得一提的是，在罗彻斯特的年代里（特别是在 1848 年到 1860 年之间），摩尔根受到了基督教长老会教士兼学者麦克依凡（J. S. Mcilvaine）的关照。麦克依凡是一位优秀的语文学家，与长期支持人类学研究的史密森学会（The Smithsonian Institution）关系密切，他对摩尔根的研究十分关注。[1] 这位长老会学者曾企图通过摩尔根夫人来劝服摩尔根彻底皈依基督教。摩尔根是一位自然神论者，对基督教半信半疑。不过，

―――――――――

[1] 麦克依凡 1815 年出生，家庭背景为苏格兰－爱尔兰移民，是一位教士、教授兼教育企业家。1837 年毕业于新泽西学院，1840 年毕业于普林斯顿神学院。1842 年后，麦氏曾在包括罗彻斯特在内的纽约州 4 个地方任教士。1860 年任普林斯顿大学前身的新泽西学院教授，1870 年转任宾夕法尼亚大学社会科学院教授，17 年后回到新泽西，创办一家女子学院，1897 年逝世。一生留下 4 部书、几篇学术论文。

他时常参加长老会教堂的活动。他所在的教堂曾于 19 世纪后半期加入新英格兰加尔文教派运动。带着自由主义色彩的新英格兰加尔文教派驳斥奴隶制度,坚信民主制度与功利主义政治哲学。这个教派对于科学采取的态度是开放的。对于人类史的研究,这个教派甚至不特别宣扬《圣经》中的创世论,而采取一个接近进化论的解释,认为上帝创造世界遵循一种规则,而这正命定地与进化方法殊途同归。[1]

与南方的长老会不同,摩尔根接触的北方长老会不相信上帝一开始就创造出不同种族的人,而认为上帝造的人是同源的。这一"人类同源论"使摩尔根与美国南方的种族主义人类学家区分开来。然而,在基督教思想的影响下,摩尔根反对生物学进化论的另一个观点,即,人与动物同源、相互演化的观点,主张人有独立的起源。他同情一种观点,认为世界是被上帝设计出来的,而世界的发展和变化,也早已为上帝所设定。也就是说,进步并非是达尔文所说的"物竞天择"促成的,而是一个神圣的"规划"显现自身力量的过程。如库伯(Adam Kuper)在其述评中所言,"相信进步是依据某种神创的规划发生的,这与美国政治思想中的一种理论对应。在美国政治思想中,进步被当成对于政府治理原则的逐步趋

---

[1] Leslie White, "Morgan's Attitude toward Religion and Science", 1944.

近过程来表述，而这一原则，早已在《独立宣言》中奠定了基础"[1]。在进化论和美国基督教北方长老会的双重影响下，摩尔根坚信人的心智一致性，从自然史的视野来探索人类治理自身的历史规律，试图从对这个规律的把握中发现一种新的哲学。他的所有人类学论述，都是围绕着这一主题展开的。

---

[1] Adam Kuper, *The Invention of Primitive Society*: *The Transformation of an Illusion*, 1988, p.46.

著述的轮廓

摩尔根曾做过一点动物学研究（特别是他出了名的海狸研究）。但是，整体来看，他的主要著述还是集中于对亲属制度（kinship）的人类学分析上。亲属制度的研究，在当时的欧美社会人类学领域里占据着主流地位，与生物学进化论的地位同等重要。为什么亲属制度研究在19世纪中叶的欧美占有如此显耀的位置？近期有美国人类学家认为，是因为那时的西方法权正处在兴旺发达的阶段。赫兹菲尔德（Michael Herzfeld）便说，近代西方依据希腊、罗马的制度设计出一套近代的科层制，为了论证这套科层制的新意义，欧美理论界不惜歪曲历史事实，将自己的社会与非西方社会对立起来，以欧美的科层主义与非西方的亲属制度加以对比，以显示自身文化的独特价值。[1]

站在今天"反思"的立场上，赫兹菲尔德能看到，基于

---

[1] Michael Herzfeld, *The Social Production of Indifference*, 1992. 亦参考早期批评作品：David Schneider, *A Critique of the Study of Kinship*, 1984。

血缘关系论制造出来的亲属制度概念体系，实为替西方科层主义铺平道路的超地方民族血统论的思想基础。然而，在摩尔根著述发表的过程中，欧洲人类学中出现的有关论述却未加任何反思地画定了西方与非西方之间的界线。19世纪60年代是近代人类学形成的决定性时期，那时出现了几部具有标志意义的著作，包括巴霍芬（Johann Jakob Bachofen）的《母权论》（*Das Mutterrecht*，1861）、梅因（Henry Sumner Maine）的《古代法》（*Ancient Law*，1861）、麦克伦南（John Ferguson McLennan）的《原始婚姻》（*Primitive Marriage*，1865）。摩尔根的《人类家庭的血亲和姻亲制度》（1871）等著作，与这些同时代的著作汇流，造就了社会人类学早期的"原始社会"概念，它们从各自不同的角度反映了与近代政治制度不同的社会组织原则的历史进程。[1] 这些著作有的试图证明母权制先于父权制（巴霍芬、麦克伦南），有的试图证明相反的历史走向（梅因），但它们共同认定，以血缘关系为财产传承制度和社会组织原理的"氏族"[2]，先于西方文明社会的政治制度。

在众多的关于人类亲属制度演变的论著中，摩尔根阐述

---

[1] 关于这些著作的概要内容，请参考戴裔煊，《西方民族学史》，2001。

[2] 氏族（中文版有时与"胞族"混译）：拉丁语为 Gens，亲属；在希腊语、梵语也有同词，词根含义都是"生殖"，暗示世系的共同血缘；美洲印第安研究曾称为 tribe、clan 等。

的阶段性演化史，最有力地反映了一致的人类心智与多样的政治治理方式之间的历史关系。摩尔根对于这一关系的论述，也具有较典范的民族志和比较社会学风格。他依据的资料，不仅同他的心路历程，而且同他目睹的"土著"风俗习惯形成了密切联系。

摩尔根的主要著作如下：

1. 《易洛魁联盟》(*League of the Hode-dé-no-sau-nee, or the Iroquois*，1851)

2. 《人类家庭的血亲和姻亲制度》(*Systems of Consanguinity and Affinity of the Human Family*，1871)

3. 《古代社会》(*Ancient Society*，1877)

4. 《美洲土著的房屋与家庭生活》(*Houses and Houselife of the American Aborigines*，1881)

这些著作是摩尔根人类学研究不同阶段的成果。第一个阶段，开始于他成为律师的那一年（1842年），到1851年摩尔根结婚为止。在这个阶段里，摩尔根的主要研究就是著名的"易洛魁民族志"。年轻的摩尔根参加一个叫"New Order of the Iroquois"（意为"易洛魁新秩序"）的社团，后来依据这个社团的模式为缔造易洛魁邦联寻求道路。据说，他也曾代表易洛魁部落与华盛顿政府交涉，争取为其获得保留地。为了替易洛魁寻找宪章，摩尔根先是研究现有的史料，接着，在托那万达保留区（Tonawanda Reservation）附近的塞内卡易洛魁人（Senec Iroquois）当中寻找直接的见证。1847年，他在《美国人评论》上发表了"关于易洛魁人的信笺"，这些信笺于1851年经过修改收入他的专著《易洛魁联盟》中。这本书集中反映了摩尔根在那十余年里的民族学研究工作。

《易洛魁联盟》是一部接近现代民族志的描述性作品，它的理论解释体系奠基于某种进步精神的基础之上。与梅因的《古代法》一样，《易洛魁联盟》一书追寻的是一种古史的研究，而这部书的立论，深受英国哲学家格罗特（George Grote）[1]对希腊的研究的影响。格罗特在他的论著中已指出，希腊文明是从以家庭为基础的政体向城邦演化的结果。在城邦出现以前，希腊存在着分立的家庭，这些家庭到后来结合成群，变为胞族（gens）、联族（phratry）和部落（tribe）。其中，胞族很重要，它既是亲属组织，也是政治单位，具有某种古老民主制度的影子，也不乏宗教精神。在希腊人的政治演化过程中，以亲属制度为基础的民主群体，演变为独裁和暴君制度，到雅典时代又建立了一种高级的民主制度。摩尔

---

〔1〕 乔治·格罗特（1794—1871），英国哲学家。他还是一位活动家和银行家，曾参与政治，是激进派国会议员。1826年出版希腊史的分析批判著作，1846年出版《希腊史》两卷，1856年出版《希腊史》最后一卷。有关介绍见：顾准，《顾准文集》，贵阳：贵州人民出版社，1994，第253—281页。

根的《易洛魁联盟》依据的历史演化线索，正是继承了格罗特的这种政治体制演化史的精神。

《易洛魁联盟》发表后，摩尔根对印第安人的兴趣出现了一个暂时的"休眠状态"。此时他接着从事律师工作，花了许多心血养家糊口。在这个学术研究相对低沉的时期，摩尔根仍然保持着对学术研究的奉献精神。1854年，他与他的亲密伙伴基督教长老会教士麦克依凡等创立了一个叫"俱乐部"（The Club）的文学社团。1855年，他成为铁山铁路公司总裁。随着财富的增长，摩尔根对其他事务产生了浓厚兴趣，他参与政治，曾积极为印第安人的利益奔走呼号。两年后，他加入了美国科学促进会（AAAS），受此激励，他恢复了他的民族学研究。1856年夏天，他受命筹备美国科学促进会年会。为此，摩尔根重读了易洛魁资料，集中研究了这个易洛魁人的亲属制度，并给予新的解释，试图将易洛魁人的亲属制度模式总结为美洲印第安部落的总体模式。1857年，摩尔根发表了《易洛魁人的继嗣法》（"Laws of Descent of the Iroquois"）一文，初步总结了他对亲属称谓制度的研究。

从1850年到1857年间，摩尔根的学术研究及与印第安人的关系，变得相对冷漠。但是，1858年夏天，为了律师事务，他去密歇根的马魁特居住，在那里研究了奥吉布瓦（Ojibwa）亲属制度，发现了与易洛魁相近的方面。第二年夏天，一个从南印度回来的传教团给他提供了关于泰米尔（Tamil）亲属制度的信息，他发现泰米尔人的亲属关系称谓与易洛魁人的也很接近。这些发现令摩尔根非常兴奋，他认为这些来自不同地区、不同族群的相近亲属关系称谓说明，易洛魁人的亲属制度具有普遍的代表性，不仅代表美洲印第安人的社会组织模式，也代表亚洲的部分情况。摩尔根沿这一思路重新设想了美–印亲属制度的模式。1859年1月他设计了"关系程度"（degrees of relationship）研究的问卷，附在信笺后，通过邮寄征求信息与意见。同年8月，他在美国科学促进会宣读一篇题为"红种的血亲制度及其与民族学的关系"的论文。随着大量资料的发现，10月，摩尔根写出一篇13页的学术论文，由斯密斯松尼安研究院发表，为《人类家庭的血亲和姻亲制度》做了全面铺垫。

《人类家庭的血亲和姻亲制度》的第一稿于1859年至1865年间写出，这期间，摩尔根花费大量精力搜集资料，从各地收到纲要性的关系目录。此后，摩尔根也写了一些论文稿件。从1865年到1871年，《人类家庭的血亲和姻亲制度》接受斯密斯松尼安研究院的审评，加进了关于"血亲关系的推测性历史"这一视角。《人类家庭的血亲和姻亲制度》是一本大书，在人类学领域中，应属于摩尔根最重要的著作。它长达600多页，其中200页为血亲和姻亲制度的列表。摩尔根用这些表格来代表"关系体系",或"亲属称谓体系"。表格分三部分,分别代表三种语言体系中的亲属称谓。正文实为对表格的评论,也分为三部分,第一部分描述欧洲与西亚民族的亲属制度,第二部分描述美洲印第安人的亲属制度,第三部分描述印度以东的亚洲和大洋洲的亲属制度。摩尔根认为,人类语言体系很多,但关系体系则只有两种,一种是"描述性的"(desriptive),一种是"分类性的"(classificatory)[1]。欧洲与西亚民族采纳的是"描述性的"亲属称谓制度,而印第安人、亚洲人、马来人,则采纳"分类性的"亲属称谓制度。简单地说,"分类性的"亲属称谓制度相对古老,其最典型的是易洛魁人的制度,在这一制度中,父亲与他的兄弟之间共用一个称谓,母亲与她的姐妹之间共用一个称谓;而"描述性的"亲属称谓制度则相反,具有区分血亲与姻亲的各种可能关系的词汇。尽管摩尔根对血亲与姻亲制度进行的是比较研究,但他最终认为,"分类性的"与"描述性的"两类亲属称谓制度不是平行并存的文化类型,而是先后存在于历史中的社会形态,"分类性的"称谓是一种远

---

[1] 亦译为"说明式的"和"类别式的",参见《古代社会》中文版及黄淑聘,《略论亲属制度研究:纪念摩尔根逝世一百周年》,《中央民族学院学报》,1981。

古的血亲与姻亲制度，而"描述性的"称谓则是后起的制度。

1871年，摩尔根带着他的新书访问伦敦，会见了梅因、麦克伦南、卢伯克、达尔文、赫胥黎等，受到了英国新人类学圈子的欢迎。当年，达尔文发表了他的《人类起源》，泰勒发表了《原始文化》，卢伯克发表了《文明的起源》。泰勒和卢伯克的著作对摩尔根影响很大。泰勒和卢伯克对技术进步的历史特别感兴趣，也共同认为伴随着技术进步，存在着"心智"进步的历史进程。泰勒特别关注宗教观念的演化，而卢伯克关注史前史，两者的论著都蕴藏着摩尔根所感兴趣的血亲与姻亲制度的社会形态史内容。摩尔根对英国人类学派抱着满腔热情，但这个学派中的麦克伦南则开始对他展开了批评，他讥讽摩尔根，说他错误地以为原始人不识母亲，而事实上，对母子纽带的认识，一开始就存在于人类当中。

回到美国的摩尔根不知道英国人类学家对他的批评，他根据自己的新认识，部分借用了泰勒和卢伯克的观点，开始撰述技术进步史与家庭史，其最终成果是1877年出版的名著《古代社会》。在这本书中，摩尔根耗掉了他学术生涯的最后十年。书写这本书时，摩尔根的意图是依据民族学资料来重构人类社会进化史。书中主要考察技术进步与社会进步在同一时间脉络中呈现于历史进程中的面貌。可以说，《古代社会》一书，是摩尔根对民族学资料展开的哲学研究的最终成果，这本书也因此给他带来了极高的国际声望。1881 年，紧接着《古代社会》，摩尔根出版了《美洲土著的房屋与家庭生活》一书，以一种具有开拓性的姿态，在对建筑的研究中呈现出原始社会结构的空间面貌，同时，通过这项研究，他更为直白地陈述了对于史前时代人类社会生活中"共产主义因素"的认识。同年 12 月，摩尔根与世长辞。

"裂缝间的桥"

> 摩尔根极端反对种族歧视，他热爱印第安人民，尊重他们的才能和成就。他敢于与当时资产阶级历史学界和社会学界的"权威"作斗争，反驳他们的谬误观点。[1]

这段话来自于1977年《古代社会》的中文译者在该书前几页列入的《摩尔根传略》。摩尔根"与当时资产阶级历史学界和社会学界的'权威'作斗争"，不怎么能让我觉得完全能够解释为什么翻译者一定要翻译和介绍他的著作。我是在"改革"以后才上大学的。上大学后，有个别年头，还是能够遭遇报纸杂志批判资产阶级思想的运动的。但是，在这20多年的时间里，主流是引进西方学术思想，刚开始被引进的还是被冠以"西方资产阶级"这个说法，渐渐地，我们习惯地接受了"市场经济"这个概念，随着"引进外资运动"的深入发展，我们也不再觉得"西方资产阶级"有什么不好。不

---

〔1〕 杨东莼，《杨东莼学术论著选》，第4页。

过，我能理解当时杨东莼等先生用这句话的意图：倘若不这样说，出版社恐怕很难接受那本书。可是，无论怎么说，我自己对这段话的前面一句，倒是特别欣赏。到现在我还是相信，摩尔根是一位有魅力的人类学家，这恰是因为"摩尔根极端反对种族歧视，他热爱印第安人民，尊重他们的才能和成就"。

1846 年，也就是在移居罗彻斯特市两年后，摩尔根开始探访附近的印第安人，因为他对土著人具有深重的同情心，故受到印第安人的欢迎，他还与不少印第安人成为亲人，后来，他被塞内卡部落鹰氏族收为养子，取名为"Tayadawahkugh"，意为"裂缝间的桥"。为什么那支印第安部落的人给摩尔根取名"裂缝间的桥"？给摩尔根取名的印第安人早已仙逝，150 多个春秋过去了，我们今天对于他们当时的具体想法也已难以考据。不过，我们有理由猜测说，"裂缝间的桥"这个名字，或许深切地表达了易洛魁人对于一个来自白人世界善良人士的某种美好期待，因为对 19 世纪中期的印第安人来说，文化之间的裂缝的确给他们带来了太多的苦难。

摩尔根从事他的人类学调查，未能像后来的田野工作者那样寻求"远方的召唤"，到离家乡极远之地去探访"野性文化模式"对于文明的启发。他只是就近展开自己的断断续续的调查，印第安人离他丝毫不远。在几个世纪的殖民遭遇中，这些土著人失去了他们曾经拥有的土地、森林、山脉、湖泊，幸运者只能被定义为"被保护对象"而纳入美国人的社会中，不幸者早已被"牛仔"杀害。在"牛仔"风光不再的时期里，人类学家要前去探访这些土著人，不需要走多少路。然而，他要跨越的鸿沟，却依然不断地在扩大着。人类学家要走向印第安人，似乎需要找到一条通往保留地的秘密隧道；通过隧道后，还要找到引他进山的路；上了山顶，发现一座本来连在一起的山已被美国人自己一刀切成两半。真要去往山的另一边，他需要把山顶上仅剩的一棵树砍下来，放在断裂的山的两边，将它当成独木桥。而印第安人在收摩尔根为养子的时候，如此妥帖地想象这位白种人是那座独木桥，给他那么沉重的压力，甚至希望后来人能够通过他，从文明进程中的美国人那边，走到印第安人的这一边来。

直至摩尔根去世三十年后，印第安人对人类学家的那种期待，才开始成为人类学家自认的使命。倘若从摩尔根时代起，人类学家就采取"从土著人的观点出发"的观点来接近他们的目的地[1]，那么，印第安人对于西方人类学的"土著式

---

〔1〕 Clifford Geertz, *Local Knowledge: Further Essays in Interpretive Anthropology*, 1983, pp.55-72.

期待"或许早已成为西方人类学的优秀之处了。然而，我们不能将这种后来逐步发现的"土著人的观点"强加在摩尔根身上，正如历史不能按照我们后来人的设想重新走过一样。那时的摩尔根，还是摩尔根，一个被印第安人设想为"裂缝间的桥"的美国白种人。

使摩尔根与土著人区分开来的，确有种族的表面差异。但是，差异既然是表面的，也就容易被他克服。摩尔根构思《古代社会》的年代，是美国"南北战争"之前的十年，在这十年中，居住于美国北方的摩尔根，反对种族歧视是正常的、合乎主流的。令后来西方人类学家觉得遗憾的是，那时的那种差异，更主要是由思想造成的。那时的人类学家自以为是高土著人数等的"科学家"，土著人像"物"（things）一样，是"人类科学词汇"要去"代表"的对象。1987年，密歇根大学历史学和人类学教授特劳特曼在评论摩尔根的田野工作时感叹说，摩尔根竟在人类学创立田野工作的参与观察方法之前如此之久远的年代里，"将他的著作奠定于原创的田野工作的基础之上"[1]。对此特劳特曼又感叹说："对田野工作的侧

---

[1] Thomas R. Trautmann，*Lewis Henry Morgan and the Invention of Kinship*，1987，p.9.

重，甚至使摩尔根著述的发表方式带有非常现代的面目。"[1]
的确，摩尔根的人类学并非开始于《古代社会》这样的社会
哲学阐述，而是开始于易洛魁部落的民族志，这一点部分支
持了特劳特曼的观点。然而，倘若我们将摩尔根看成是一个
整体的人类学家人生的承载者，那么，他的身份依然是与他
的部落区分开来的"科学家"。

摩尔根常说，他的成就来源自一些"令人愉悦的偶然发
现"（happy accidents）[2]。所谓"令人愉悦的发现"，指的正是
摩尔根在易洛魁人当中作为参与观察者寻找到的"资料"。对
于摩尔根的人类学生涯来说，这些被发现的"资料"的确是
特别重要的。然而，摩尔根显然并非是一个愿意停留于资料
的整理和低层次分类的人类学家；他抱有一个远大的志向。
今天的人类学家意识到他们自身倘若缺乏"从土著人的观点
出发"的能力，就无法对学科发展做出贡献。而那时的人类
学家却持有一个相反的想法，他们以为人类学家倘若缺乏支
配资料的理论力量，就无法成为真正的人类学家。摩尔根也
是这样，他相信他的资料能够对于人类学家解释整个人类史
提供支持，相信只有作为人类学家的自己，才能够赋予这些

---

〔1〕 Trautmann, *Lewis Henry Morgan and the Invention of Kinship*, 1987, p.10.
〔2〕 ibid., p.15.

资料真正的意义。

对资料的理论意义的追求，甚至对于那些完全相信"从土著人的观点出发"的人类学家来说，也没有被舍弃。因而，摩尔根将理论当成研究目标，很难说有什么错。如果说今天的人类学家对于他当时的做法能有什么质疑的话，那么，这一质疑必定只是针对他采取的理论提出的。我自己的看法是，摩尔根采取的理论，没有使他逐步趋近印第安人的生活的本相、文化的形式和整体的利益，反而使西方与这些弱小的共同体之间的"裂缝"越来越大，所以，他的诠释演绎出来的是一种与现代人类学相反的人文思想。我能接受特劳特曼的建议，承认摩尔根著述中社会达尔文主义的色彩并不浓厚，相信摩尔根并不是在达尔文的思想影响下从事他的人类学研究、提出他的社会形态史观点的。然而，我不能不指出，18世纪以后积累起来的关于"进步"和"文明"的西方中心主义历史目的论，对摩尔根是有深刻的影响的。我认为，正是这一历史目的论使摩尔根在"裂缝"间搭起文化交流的桥梁时，同时也一步一步地拆除了这座桥梁。

"进步"与"文明"

　　摩尔根从心底里相信，那些生活在世界上的落后群体，与代表当时"先进文化"的欧洲人之间，没有智力上的差异。可是，怎样解释印第安人与"先进文化"之间明显存在着的不同呢？在摩尔根看来，他遇见的那些诚实、勇敢、睿智的印第安人，与西方人之间的不同之处，仅仅在于印第安人生活在一个欧洲的远古祖先的状态中，而白人生活在今天。用一个不恰当的比喻，在摩尔根的解释体系中，印第安人的生活方式在欧洲已死，而在印第安人当中还活着。

　　为什么一种生活方式会在一个大陆上消失，而在另一个大陆上留存下来？直到1920年前后，现代人类学的奠基人之一马林诺夫斯基才给出了一个令人信服的解释。今天懂得"从土著人的观点出发"看问题的人类学家都能体会，一种生活方式，一种文化，倘若还作为一个体系存在于世，那么，它便不可能没有"现实基础"。可是，生活于19世纪的摩尔根却只能坚信，随着欧洲文化的"进步"，这种生活方式的"现实基础"已不复存在。于是，对他来说，那时还能在

"现生原始民族"当中看到的古老生活方式，只能在与西方"先进文化"的比较中寻找到其历史意义，即，作为一种原始"文化残存"（cultural survivals），为人类学家提供恢复原始社会历史面貌的零星素材。

摩尔根去世后数十年，马林诺夫斯基才尖锐地批评了这种进化观：

> 进化学派的方法最重要的是出于"遗俗"的概念，靠了这概念，他们可以从现有的情状中去重构过去的"阶段"。但是，遗俗的概念是包含有"文化的安排可以在失去了功能之后继续生存"的意义。一切人类学者所不能了解的事物，都可以归入"遗俗"中，作为他们猜度幻想的出发点。我们若对于一文化认识愈深，可称作遗俗的，为数也愈少。[1]

马林诺夫斯基的言论，终归是在后来的时代里发表的。在摩尔根时代里，若一位人类学家不能将"一切人类学者所不能了解的事物，都可以归入'遗俗'中，作为他们猜度幻想的出发点"，那么，他的理论诠释只能落入基督教神学的范

---

[1] 马林诺夫斯基，《文化论》，费孝通译，2002，第13页。

畴内。而我向来不怀疑，对于当时自己参与创造的"原始社会"研究模式，摩尔根是犹如基督徒信仰上帝那样加以信仰的。对他来说，"遗俗"代表的那套研究方法，能够使他综合若干先进的观念，并基于这一综合，在学术语言共同体内部做出自己的贡献。

生物学和人类学的进化论几乎是同时提出的，为这两种理论的提出做了神学、哲学和科学的铺垫的，是在此之前两个多世纪里涌动于欧洲思想界的进步论与文明论观点。17世纪后期到18世纪，哲学家、神学家和科学家依然希望科学研究中证据的发现能与基督教的神学精神协调一致。在欧洲的思想里，博物学的发现被纳入一种神学和哲学的"设计"观点中考察。"设计"的观点认为，世界很复杂，但同时也有规则。科学研究的目的是要在复杂的现象中寻找规则。但是，规则不是自然界自己建立的，而是由一个超人的智者创造出来的。源自于智慧的设计，令物种之间的相互关系符合某种鲜明的结构，特别是线性链条的结构。这一线性链条的结构，大体说来是一种"存在链条"。也就是说，生物可以由最高等的，往下排列到最原始的，形成一个复合的阶层结构。科学研究者通过低级与高级生物之间等级关系的排列，能够推论出自然史的一般图景。"设计"和"存在链条"观念的提出，承袭的是基督教神学的主张。然而，从客观上看，这两个观念的提出，与欧洲地理大发现之后世界范围内的探索密切相关，它让欧洲思想界有可能修正旧有的物种固定不变的观点，使知识分子能够用一个拓展的分类系列，来解决大量新的物种的发现导致的分类问题。

一如鲍勒（Peter J. Bowler）指出的，在拓展分类系列的视野的过程中，启蒙运动时期的欧洲哲学家逐步从各自不同的角度演绎出了"进步"的观点，同时，这些"进步"的观点也逐步与对人的起源问题的探索紧密联系起来。在这个过程当中，欧洲思想界关于人与自然变化的观点，分别在法国、英国和德国产生了重要的转变。在法国，启蒙运动时期与基督教神学难以割舍的"设计"论，逐步退让于社会学的实证主义。到法国大革命时期，孔多塞彻底挣脱了传统思想的约束，写出了人类进步的纲要，为19世纪的进步思想拓展了技术进步与道德境界进步的双重视野。在英国，功利主义与自由竞争经济学提出造物主的法则确保自然平衡，自然奖励个人的努力的论点，将"竞争"这个概念引入了人与自然关系的研究中。在德国，浪漫主义和唯心主义的思想家，从1800年开始提出新的理论，特别强调从精神的角度理解人一步步挣脱自然的约束的过程，强调普遍精神力量在历史进步过程中的决定性作用。[1]

---

[1] 彼得·鲍勒，《进化思想史》，田洺译，南昌：江西教育出版社，1999，第110—133页。

"进步"的各种说法，让欧洲思想界设想出一种"臆想的历史"（conjectural history），促使人们接受一个时间的线性模式，在物种发生学与进步的阶段论之间找到人逐步脱离自然的理由与证据。在"进步"的观念逐步在启蒙运动的思想中获得支配地位的过程中，欧洲思想界对"文明"展开的众多论述起到了推波助澜的作用。一如芝加哥大学人类学家史铎金指出的，假使没有"蒙昧""野蛮"等词的烘托，"文明"这个概念就毫无意义。"文明"与形容不文明的那些词汇，早在希腊时代已经存在。在上古的西方，"文明"大概指的是那些能用清晰的语言表达人对事物的认识和内心感觉的人，这种人一般住在城里，与住在丛林和乡下的那些言语不清的人形成反差。到 18 世纪中叶，"文明"这个概念在欧洲文化认同的转型过程中获得了复兴和再解释。

在苏格兰和法国的启蒙传统里，"文明"这个词得到了高度的重视，被逐步泛化为代指人类进步和成就的总体过程。随着概念的意义转变，"文明"与"存在的链条"概念融合起来，构成一个文化由低级向高级演化的系列。两个流派的"文明"论自然有所不同：苏格兰传统的启蒙思想家论述"文明"时，给思维和智慧的定义更多地出自于某种"本能观察"说；而法国的启蒙思想家则倾向于强调人对周边环境的心理和智力反应。然而，对后世最有影响的却是两个流派的共同点。史铎金为我们指出：

> 法兰西和苏格兰的作者共同享有一种对于人类进步的信仰，他们都把"文明"当成一种包罗万象的概念，也相信"文明"的进步过程可以用哲学的方式来研究。此外，他们也共同享有今日被人们认为有违时代而过去被具体地形容为"比较方法"的那种观念。这个观念的实质内容是：在缺乏传统历史证据的情况下，文明早期阶段的面貌，可以通过对生活在其他地区的、依然停留于文明的早期阶段的人群展开观察来实现。[1]

在德国浪漫主义哲学中，这样的"文明"概念没有得到重视。替代这个概念的是对生活面貌不加等级性、时代性比较的"文化"概念。"文化"概念的广泛使用，使德国的启蒙哲学更多地具有相对主义的色彩。然而，德国哲学的相对主义色彩却时常与它的历史目的论联系起来，甚至可能与种族差异论结合，生成文化种族主义思想。[2]从这个角度看，在欧洲启蒙运动以后，"文明"概念标志的一个认识论体系，几

---

〔1〕 Stocking, *Victorian Anthropology*, 1987, p.15.

〔2〕 ibid., pp.20-24.

乎毫无例外地影响着一代代思想家，使他们对于地球上文化多样性的认识，潜入了一个历史等级系列的牢笼中。"文明"的概念得到了不同的诠释，这些不同的诠释共同催生了社会哲学对于人类史演化过程的想象。

然而，只是到摩尔根开始写作《古代社会》之前的几十年前，"地球上之有人类，始于太古时代"这个事实才被发现。随着化石证据的不断发现，我们今天才知道，人类的历史至少有 300 万年了。可是，在摩尔根时代，人们以为，人类存在的历史，只有 10 万—20 万年之久。在古人类学资料缺乏的年代里，欧洲和美国的知识界对于人类史的兴趣却空前地浓厚。"进步""文明""文化"等观念的出现，不仅为当时的哲学思考提供依据，而且也为不同的研究者提供观察事物的"镜片"。它们代表着一种思考方式，在知识分子的语言共同体里逐步取得"文化盟主"地位。在这样的条件下，个体的知识分子只能依据它们提供的图式来呈现其所"发现的资料"，只能在这个语言共同体的潜在语言游戏规则里展开其"交流行动"。摩尔根也不例外，他是被他参与创造的那个时代创造出来的人类学家。

正是欧洲近代思想史上的"进步"与"文明"观念，使摩尔根在充当"裂缝间的桥"的同时，以为自己通过这座独木桥闯进了一个历史的原野。面对他所研究的易洛魁人，摩尔根极度地兴奋。兴奋的原因恰恰不是因为他在一个另类的生活方式中寻找到了西方文化"自觉"的可能性，而是因为他感到他的这些"他族兄弟"，竟然如此没有遭受历史时间的洗礼，依然生活在西方人的祖先在古老的年代里所生活的情状中。一下子，在他面前，他的易洛魁兄弟猛然成为欧洲"史前史"的资料，而不再是完整的人。于是，他说：

> 因此，美洲印第安人诸部落的历史和经验，多少可以代表我们的远祖处于相等状况下的历史和经验。印第安人的制度、技术、发明和实际经验构成人类记录的一个部分，其价值特殊宝贵之处在于它们的意义远远超出了印第安人本族的范围。（第 iii 页）

站在"后殖民主义时代"立场上来看待这批印第安部落，人类学家易于发生人文价值的反思，易于通过民族志的著述来阐明人类学在反思殖民主义中的作用。而那时的摩尔根，显然并不热衷于此项"后殖民主义"的人类学反思。他的确对着正在衰颓的印第安文化叹息，但叹息的原因不是因为印第安人在近代世界史中遭受的灭绝危险，而仅仅是因为作为"资料"，他们正在消失。摩尔根说：

印第安人部落的民族文化生活在美国文明的影响下正在日渐衰颓，他们的技术和语言正在消失，他们的制度正在解体。今天还可能容易搜集到的事实，再过几年之后即将无从发现了。这种情形强烈地要求我们美国人进入这个广阔的园地来获得丰富的资料。（同上）

印第安人从人转变为人类学的资料的过程，是摩尔根赋予印第安人"历史意义"的过程。摩尔根一生的著述中，对中国人类学、民族学、历史研究，以至对整个社会科学的思想领域最有影响的一部，并非是他最优秀的描述性和分析性人类学著作（如《易洛魁联盟》），而是代表他的社会哲学思想的《古代社会》。

专攻摩尔根学术思想的学者告诉我们，摩尔根的人类学研究有前后连贯的地方，也有重要的变化。阅读摩尔根的书，我自己的一个感受是，他的研究走过一条与他同时代的人类学家不同的道路。与他同时代的人类学家大多属于"摇椅上的学者"，研究工作依据的是传教士、探险家、商人、殖民地官员对"原始社会"习俗的描述。摩尔根则不同，他的研究生涯的开端是经验民族志，是深入的田野工作，成果是《古代社会》中表达出来的社会哲学。在走这条经验研究到概括性的哲学论证道路的过程中，摩尔根同时也走过一条思想不断"进步"的道路，他从一个隐晦的进化论者，变成了一个坚定信仰"进步"观念的思想家。在指出印第安人对于欧洲历史的重构的重要意义之时，摩尔根延伸了欧洲启蒙运动中生发出来的"进步"和"文明"概念，并将这些概念框定的那个"比较方法"套在了这些"资料"身上，从而使他们拥有了"进步思想家"的面目。

阶段化的时间

上面提到摩尔根在《古代社会》的序言里说：

> 如果可能，我们想要知道：人类是怎样度过以往这些一个又一个的时代的？蒙昧人是怎样以慢得几乎觉察不出的步伐前进，而达到野蛮社会的高级状态的？野蛮人又是怎样经过类似的渐进而最后达到文明社会的？我们还想知道：为什么别的部落和民族在进步的竞争中变成了落伍者——有些进入了文明社会，有些停留在野蛮社会，而另一些仍然停留在蒙昧社会？（第 i—ii 页）

这段话高度概括地提出了这部著作所作的科学探索的总体目标。这一探索的对象，是空间意义上的，探索者摩尔根对之产生如此浓厚兴趣的"异文化"现象，是分离于先进的欧亚大陆之外的那些"飘零的大地"及生活在其上的氏族、部落和民族。在这些"飘零的大地"上，早已生活着人类，早已为人类所发现。然而，欧洲人直到 15 世纪"地理大发现"之后才"发现"了它。"地理大发现"之后，生活在"飘零的大地"之上的人们，一度引起了欧洲人的恐慌：他们到底是不是亚当的孩子？在教堂内部，曾就这个问题展开激烈的辩论。到了摩尔根时代，欧洲人终于彻底相信他们也是人。可是，相信他们也是人，不一定能解释为什么这些人与欧洲那些人那么不同。于是，欧洲的思想家逐步设想出一套时间的概念，来解释"飘零的大地"与固定的大陆之间的空间距离。

摩尔根所用的时间概念，其核心内涵是一种"阶段性"（periods），"阶段性"将流动的人类史的时间切割成了可以概括的大片段，接着，以"进步"和"文明化"的概念重新将这些大片段连接起来，让人觉得它还是一条流动的时间之河。上面引的那段话提到的"蒙昧人""野蛮人"和"文明人"分别是不同阶段的主人，人类学家依据对他们的研究，又将他们的文化性质用来形容这些阶段，将历史的时间定义为蒙昧时代、野蛮时代和文明时代从低级向高级"进步"的过程。摩尔根是进步的，因为他将仍然被中国皇帝和部分士绅当作"奇技淫巧"的发明和发现者，当作历史进步的动力来看待，并认定这些东西是人类历史时间阶段性的标志。

在《古代社会》的第一编，摩尔根论述的总题目是"各种发明和发现所体现的智力发展"，他开宗明义地形容了人类的形象，赋予人类一个爬楼梯者的身份，他说：

> 人类是从发展阶梯的底层开始迈步，通过经验知识的缓慢积累，才从蒙昧社会上升到文明社会的。（第3页）

摩尔根坚信，"如果我们沿着几种进步的路径上溯到人类的原始时代，又如果我们一方面将各种发明和发现，另一方面将各种制度，按照其出现的顺序向上逆推，我们就会看出：发明和发现总是一个累进发展的过程，而各种制度则是不断扩展的过程。前一类具有一种或多或少直接连贯的关系，后一类则是从为数不多的原始思想幼苗中发展出来的"（第4页）。从而，我们发现了两条自成体系的研究途径。"一条途径导向发明和发现的领域，另一条引入原始制度的领域。我们可以指望根据这两条途径所获得的知识来表明人类发展的各个主要阶段。"（同上）在发明和发现之外，摩尔根关注到其他众多的领域，包括生活资料、政治（government）、语言、家族、宗教、居住方式和建筑、财产等；他还认为，在众多的领域中，发明和发现、政治观念、家族观念、财产观念的发展，最集中地表现出人类进步史的阶段性。摩尔根宣称，他的人类学研究目的，"是想沿着这些进步的线索并通过人类顺序相承的各个文化阶段，提出一些证据"（第6页）。

对于摩尔根来说，"进步的线索"应当从发明和发现的历程以及社会向国家的演变历程两个方面得到认识。一方面，就发明和发现的历程来说，人类的经验所遵循的途径大体上是一致的。当人类还处于蒙昧状态时，其主要制度和生活技术的幼苗已发育。继之而来的野蛮阶段和文明阶段的绝大部分发明和发现只在于发展这些"原始观念"。因而，人类学家能从不同大陆上存在的人造物间寻找到一种共同根源或共同的联系（第8页）。另一方面，就政治形态来说，在人类史的历程中，存在过两种基本政治方式，按时间顺序说，前一种我们可以命名为"社会"。这种组织的基本单位是氏族。古代社会中，构成民族（populus）的有氏族、胞族、部落以及部落联盟，它们顺序相承，构成几个阶段。后来，同一地域的部落组成一个民族，取代了各自独占一方的几个部落的联合，使古代社会从氏族分化出来，逐步在文明化的过程中与地域和财产关系结合，成为"国家"。"国家"组织的基础或基本单位是用界碑划定范围的乡或区及其所辖之财产，它标志着"政治社会"的产生（第6页）。

为了依据发明和发现及社会形态的演变来理解人类的进步和文明化，摩尔根将人类文化划分为若干阶段，以这些阶段来代表不同的社会状态，又将这些阶段细分为时期（第

11 页）：

阶段	社会状态
（一）蒙昧阶段初期	（一）低级蒙昧社会
（二）蒙昧阶段中期	（二）中级蒙昧社会
（三）蒙昧阶段晚期	（三）高级蒙昧社会
（四）野蛮阶段早期	（四）低级野蛮社会
（五）野蛮阶段中期	（五）中级野蛮社会
（六）野蛮阶段晚期	（六）高级野蛮社会
	（七）文明社会

顺序相承的各种生存技术，每隔一个时段就出现一次革新，对人类的生活状况产生巨大影响。因此，摩尔根认为，以这些生存技术的标志性成就来区分上述分期能够使我们清晰地看到人类史的阶段性过渡。尽管他承认欧洲知识分子"在这方面的研究深度还不足以提供必要的资料"（第 8 页），但他相信这种阶段性的时间顺序让人类学家有可能研究每一个阶段中包括不同的文化及其代表的生活方式。进而，他也相信，这样的阶段性研究，能为人类学家从蒙昧和野蛮社会的研究中提出有助于理解文明社会的资料。他说：

　　在各个大陆上，处于同一社会状态下的技术、制度和生活方式大体上一致。因此，我们现在要了解希腊人和罗马人的主要家族制度的前身形态，就必须到美洲土著相应的制度中去找寻，这一点将在本书中次第加以说明。这个事实是我们所搜集的证据中的一部分，它有助于证明：人类的主要制度是从少数原始思想的幼苗中发展出来的；而且，由于人类的心智有其天然的逻辑，心智的能力也有其必然的限度，所以这些制度的发展途径与发展方式早已注定，彼此之间虽有差异也不会过于悬殊。各个部落和民族分居在不同的大陆上，这些大陆甚至并不毗连，但我们发现，只要他们处于同一社会状态下，他们的进步过程在性质上总是基本相同的，不符合一致性的只有因特殊原因所产生的个别事例而已。我们如将这个论点引申开来，就会倾向于确定人类同源之说……我们研究处于上述人类文化诸阶段中的各部落和民族的状况，实际上也就是在研究我们自己的远古祖先的历史和状况。（第15—16页）

生存技术与生育制度

　　整部《古代社会》都是有关原始人向文明的现代人进化的文化进步史，这里摩尔根关注的并非是跨文化比较对孤立的个别文化的反思意义，而是发掘文化进步的源泉与线索。从抽象层次看，他心目中文化进步的源泉，是人类知识的积累。像启蒙哲学家一样，他坚信人类发展的进度自始至终是遵循一种几何比例的。也就是说，在他看来，人类获得每一项准确的知识之后，这项知识就变成了进一步获取其他新知识的动力。由此类推，可以一直推进到错综复杂的现代知识。在接受启蒙哲学家有关知识与文化进步关系的论述时，摩尔根对于这一关系的论述也表现出浓厚的人类学特征。他认为，人类学文化进步的原初动力最重要；虽然蒙昧阶段人类进步的速度最慢，文明阶段的进步速度最快，但是，"如果我们就这两个阶段的成就同全部成就的关系来估量，则最早一个阶段的相对量可能是最大的"（第34页）。据此，他提出一种看法，即强调"人类在蒙昧阶段的进步，就其对人类整个进步过程的关系而言，要大于在此后野蛮阶段三期中的进步；同样，人类在整个野蛮阶段所取得的进步要大于其后整个文明阶段的进步"（同上）。

此外，摩尔根特别重视为启蒙哲学家所忽视的人类生存技术变化对于文化进步的重要作用。对他而言，生存技术的知识之获得，是文化进步的前提。什么是"生存技术"？摩尔根并没有给予一个明确的定义，而只是朴素地用这个概念来形容生活资源，特别是食物资源。依据当时的考古学和民族学的发现，摩尔根认定，在最蒙昧的状态下，人类依靠天然食物生存，在局限的生活环境内以植物的根和果实作为食物，此时，人发明了语言（第19页）。然而，在人类文化进步史上有如下五种人工食物资源的知识积累对人类产生过重大影响（第19—24页）：

（1）鱼类食物。鱼类是最早的一种人工食物，这是因为要充分使用这种食物就必须烹饪。人类最先使用火，其目的未必在于此。鱼类的分布很广，可以无限制地供应给人，而且是唯一可以在任何时候都能获取的食物。人类依靠鱼类食物才开始摆脱气候和地域的限制，在蒙昧阶段就能沿着海岸或湖岸、河道形成聚落。

（2）由种植得来的淀粉食物。美洲土著在低级野蛮社会即已掌握园艺，比之东半球的居民竟早出整整一个文化期，这一点使我们感到很奇怪。这是由于东西两半球的天然资源不相同所造成的结果：东半球出产所有适宜于饲养的动物（只有一种除外）以及大多数谷类作物；而西半球仅有一种宜于种植的谷物，不过它却是最好的一种。这个因素促使东半球的野蛮阶段初期的时间延长，而使西半球的这一时间缩短。

（3）园艺生产的食物。在西半球，园艺始于玉蜀黍的种植。这一新纪元的开辟，在东西两半球虽非同时，但对于人类命运的影响却极为巨大。

（4）肉类和乳类食物。掌握家畜饲养业的部落，在园艺生产时期即已存在。家畜饲养业能保证肉类和乳类食物的供应，因而使人类开始脱离野蛮状态（第 23 页）。

（5）通过田野农业而获得的无穷食物。人们饲养牲畜以后，用畜力来补充人力，这种方法提供了一个价值极高的新因素。接着，由于有了铁，制出了带铁铧的犁和更为合用的铲子、斧头。由于有了这些发明，加上早先已有的园艺，于是，田野农业便出现了：人类也就因此开始获得了无穷的食物。

通过勾勒食物资源获得途径的变化图景，摩尔根也勾勒出人类发明和创造的历史：人类在低级蒙昧社会中只能依靠自然供应的食物生存，到中级蒙昧社会才开始用火来加工鱼类，到高级蒙昧社会发明弓箭；到低级野蛮社会时，创造了制陶术，到中级野蛮社会开始饲养动物，到高级野蛮社会才学会冶炼金属，从而促进了农业的高度发展，最终将人类推进到文明社会——文明社会指的是标音字母和文字的出现——直至现代社会。

食物获得途径的演化，显然并非是摩尔根想专门论证的文化进步史。由于当时考古资料的限制，他的阐述只能停留在某种想当然的循序渐进的文化变迁史上。随着资料的不断增加，人类学家已有充分的证据表明，摩尔根依据食物和技术的发明创造构想出来的人类史，其具体细节符合事实的微乎其微。[1]摩尔根在叙说自己的问题意识时，除了许诺要解答原始人向文明人演化的一般进程外，还许诺说，要解释为什么一些民族停留于"落后面貌"，另一些民族则"进步"飞快。可是，在实际的论述中，对于这个重要问题，摩尔根却语焉不详，蒙混过关。在关于生存技术的那一章节里，他含糊地说，这是因为一些民族生存于文化接触频繁的大陆，而那些进步不快的民族却因生存于与外界相对隔绝的情景中，未能及早领会发明和发现的现实意义，从而停滞不前。

人自身的再生产（生育）问题，是摩尔根一生探索的主要问题。在《古代社会》一书中，摩尔根没有将人类生存的这一重要方面放置在"生存技术"的演变史中考察，而只是

---

[1] 怀特，《摩尔根生平与〈古代社会〉》；童恩正，《摩尔根模式与中国的原始社会史研究》。

将围绕生育的一系列社会制度发明当成与生存技术平行的社会组织演化史来看待。在生产与人的再生产之间缺乏充分的人类学联想的情况下，摩尔根通过对有限资料的历史分析，展示了他对于文明的进程的解释。用我们中国的古话来说，这个文明的进程不是别的，正是人类社会中"治"的生成原理。对应于蒙昧状态的无知，摩尔根设想，人的两性关系只能是依照自然赋予的两性区分来构成，只要是有区别的两性，都能成为人的再生产（生育）的基础。随着时间的推移，人对于两性间关系的制度约束才越来越发达；经历了越来越多的制度约束，最后形成了现代一夫一妻制的严格限定。不过，虽然摩尔根没有特别关注后来人类学家特别关注的"乱伦禁忌"制度的普遍性，但是，他从朴素的资料出发设想出来的最初的、与无知对应的"两性社会"也是有一定规则的。对于异代人之间性关系的排斥，似乎正是摩尔根眼中原初的生育制度的唯一规则。在自相矛盾的心态中，摩尔根提出了通婚制度演变的时间序列，来与生存技术发展的序列相对应。这一通婚制度的序列如下（第25—26页）：

（1）血婚制家族——这种家族形态的基础是若干兄弟和若干姊妹相互集体通婚，它在最古老的马来亚式亲属制中仍存在，是最古老的亲属制度，为血婚制家族的研究留下了证据。

（2）伙婚制家族——这种家族形态是由血婚制家族滋生出来的，名称起源于夏威夷人伙婚制的亲属关系，代表的家族形态的基础就是若干兄弟是他们彼此的妻子的共同配偶，或者，若干姊妹是她们彼此的丈夫的共同配偶。而这里所用的兄弟一词，包括从兄弟、再从兄弟、三从兄弟甚至远房的兄弟在内，他们彼此互认兄弟就和我们的亲兄弟一样；这里所用的姊妹一词，也包括从姊妹、再从姊妹、三从姊妹甚至远房的姊妹在内，她们彼此互认姊妹就和我们的亲姊妹一样。

（3）偶婚制家族——这种家族形态的基础就是一男一女按婚姻形式结成配偶，但双方都不排斥与外人同居。

（4）父权制家族——这种家族形态的基础就是一夫多妻的婚姻，这里所用的"父权制家族"一词，只指其狭义而言，专用以表示希伯来人畜牧部落的那种特殊的家族，其酋长和家族里的主要男子成员都实行多妻制。摩尔根认为，这种形态流行不广，所以对人类事业影响甚微。

（5）专偶制家族——这种家族形态的基础就是一男一女的婚姻，它萌生于偶婚制，但已极端排斥与外人同居。

在摩尔根眼里，从血婚制向专偶制的演变，经历了一个漫长的历史过程。这个过程的初始状态是两个群体中同年龄的异性团体的集体通婚，它的终结是作为个人的两性之间在严厉的制度约束下相互间独占式的个人通婚。同一过程的基本发展趋势是：随着时间的推移，自然赋予的两性之别，从在社会组织中扮演关键作用，到失去其在社会中的作用。当人类文化处于蒙昧社会的低级水平时，人们在规定范围内实行共夫共妻，集体同居的权利与特权发展成为一种庞大的体制，成为社会结构的组织原则。这些权利与特权根深蒂固，其稳定程度巨大，以至于人类只有在经历若干次变动后才能慢慢地从其中解脱出来。当这种同居制度的范围逐渐缩小之时，家族形态即随之由低级向高级进展。起初，家族形态是血婚制家族，这种形态的基础是兄弟与姊妹之间相互集体通婚。它的第二种形态，即伙婚制家族，其社会体系近乎澳大利亚的婚级制，是一群兄弟共有若干妻子或一群姊妹共有若干丈夫。摩尔根认为，按性别组织成婚级，以及随后较高级地按亲属关系组织成氏族，都是一些"伟大的社会运动顺应人类天性所趋的原理于不知不觉之中创造出来的"（第47页）。随着亲属制度逐步在社会中丧失作用的过程，政治社会随之兴起。当一个社会形态的总体面貌离血亲制度越远，它就越接近文明的政治社会。依据这个原则，我们可以将蒙昧、野蛮、文明三种社会形态落实到社会结构的比较分析基础上，并在对比中看到现代政治社会的生成原理，如同看到文明社会的技术基础一样，看到通婚范围的缩小对于现代社会建构的关键意义。

从婚级到氏族

邃古之初，人既不知父也不知母，对生身父母完全没有意识，这是摩尔根的观点。1871年访问伦敦时，他对那里的人类学家们谈到他的这一看法。不久，麦克伦南写出文章，讥讽了他的说法，指出人类在最早的年代里，不知父是完全可能的，但不知母则纯属摩尔根自己的幼稚想象。[1]摩尔根回到美国后，对这一批评和讥讽一无所知，继续撰写他的论著。他相信，以亲属制度为基础所组成的氏族，是古代社会的一种古老的组织；但是，还有一种比氏族更早、更古老的组织，即以性为基础的婚级。婚级的制度，是氏族的胚体，但完全不同于氏族（第47页）。那么，它是什么？摩尔根认为，这是一种以性为基础建造起来的社会组织，是一种出乎现代文明人想象范围的最古老的社会形态。

---

[1] 怀特，《摩尔根生平与〈古代社会〉》; Trautmann, *Lewis Henry Morgan and the Invetion of kinship*, 1987, pp.181−185; Kuper, *The Invention of Primitive Society: The Transformation of an Illusion*, 1988, p. 65。

在写作《古代社会》之前，摩尔根已在许多论著中提到，他认为人类最早期的性关系毫无规则地处在一种"乱交"的状态中。婚级制度初步建立了社会的规则。在具体论述过程中，摩尔根也不断强调，这种最古老的纯粹以性为基础的社会组织，并没有直接得到民族志案例的证实。但是，通过对有着婚级制度残迹的氏族进行细致分析，人类学家可以找到它的历史踪影。为了论证这一点，摩尔根引用了澳大利亚土著卡米拉罗依人氏族社会的案例。对于这个澳大利亚土著氏族，摩尔根本人并未从事过实地研究。之所以选择澳大利亚土著来研究，是因为这是一块前面所称的"飘零的大地"，它曾与欧亚大陆完全隔绝。澳大利亚土著文化使摩尔根以为，生活在这块巨大"岛屿"之上的原始部落"落后于波利尼西亚人，更远远落后于美洲土著。他们的水平在非洲黑人之下而接近于发展阶梯的底层"（第49页）。对摩尔根来说，这些与世隔绝的孤岛居民的发展是很缓慢的，同时，以性为基础的组织要比氏族组织更为古老。因而，他试图"根据这两点作出下面的推测，即：人类当中凡是有过氏族组织的各支各族可能在氏族组织以前曾普遍地有过以性为基础的组织"（第48—49页）。他设计严格的问卷，让传教士兼人类学家费森（Lorimer Fison）搜集资料。根据这些资料，摩尔根间接地"发现"，在卡米拉罗依人当中，氏族组织正处在瓦解婚级组织的过程中（第48页）。

卡米拉罗依人分为 6 个氏族。从婚配权的角度看，这 6 个氏族又可分为两组：

（一）	（二）
鬣蜥氏（杜利氏）	鸸鹋氏（狄囊氏）
袋鼠氏（穆里腊氏）	袋狸氏（比耳巴氏）
负鼠氏（穆特氏）	黑蛇氏（努莱氏）

根据摩尔根的民族志陈述，第一组的 3 个氏族之间是从一个母系氏族中分化出来的，原来他们之间是不许彼此通婚的，只可与其他 3 个氏族中的任何一个氏族通婚。反过来，第二组的 3 个氏族也一样。也就是说，当费森对此展开人类学考察时，卡米拉罗依人已是一个所谓的"氏族社会"。然而，摩尔根说，在这些土著人当中，还存在另一种更古老的区分成员的制度。这种制度把卡米拉罗依人分为 8 个婚级，其中，4 个由男性组成，另外 4 个由女性组成（第 50 页）：

男性	女性
伊排	伊帕塔
孔博	布塔
慕里	玛塔
库比	卡波塔

在婚级内，不论属于哪一个氏族，成员彼此都是兄弟或姊妹，他（她）们都是从一个假定的共同女性祖先传下来的。因此，卡米拉罗依人分组成四大群兄弟姊妹，每一群都包括男性一个分支和女性一个分支，混杂分布于他们所占有的地域内。这种制度与氏族的通婚制度不同，它只允许某一氏族中的一部分男子与另一氏族中的一部分女子通婚，而按照氏族制度的正规理论，每一个氏族中所有的成员应当可以与本氏族以外的任何氏族的异性结婚（同上）。摩尔根认为，婚级制体现了氏族的萌芽，但没有达到氏族的实现。伊排和伊帕塔实际上形成了一个共同婚级的两个分支，他们彼此之间不许通婚。婚级之间通婚规则的原来面貌如下（第51页）：

伊排：可与卡波塔通婚，不得与其他婚级通婚。

孔博：可与玛塔通婚，不得与其他婚级通婚。

慕里：可与布塔通婚，不得与其他婚级通婚。

库比：可与伊帕塔通婚，不得与其他婚级通婚。

也就是说，"从理论上讲，每一个卡波塔是每一个伊排的妻子；每一个玛塔是每一个孔博的妻子；每一个布塔是每一个慕里的妻子；每一个伊帕塔是每一个库比的妻子……一个库比把他所接触和认识的每一个伊帕塔都当作是自己的妻子"（第52页）。此外，按世系推算，在女系方面，卡波塔是玛塔的母亲，而玛塔又是下一代卡波塔的母亲。同样地，伊帕塔是布塔的母亲，而布塔又是下一代伊帕塔的母亲。男性各婚级的关系与此相同，但由于世系是由女系传袭的，所以卡米拉罗依诸部落自己溯源于两个假定的女性祖先[1]（第53页）。

摩尔根在澳大利亚土著当中寻找婚级制度，不是为了别的，而只是为了证明，在氏族组织之前，存在着一种更为原始的社会组织形态。对他来说，在婚级组织规则之上，自然能够演化出一种更高级的组织形态，即氏族组织。这一演化是由"和平过渡"实现的，因为氏族组织并没有改变婚级制，而只是把婚级原封不动地包括于其内。为了探究氏族将婚级包括在内的过程，摩尔根将氏族与婚级的关系排列如下：

氏族	男性 女性	男性 女性
鬣蜥氏	全部成员属慕里和玛塔，	或属库比和卡波塔
鸸鹋氏	全部成员属孔博和布塔，	或属伊排和伊帕塔
袋鼠氏	全部成员属慕里和玛塔，	或属库比和卡波塔
袋狸氏	全部成员属孔博和布塔，	或属伊排和伊帕塔
负鼠氏	全部成员属慕里和玛塔，	或属库比和卡波塔
黑蛇氏	全部成员属孔博和布塔，	或属伊排和伊帕塔

---

[1] 摩尔根认为，这种"同宗通婚的制度"比之"杂交"仅仅高一小层次，它不过是给"杂交"加上一点小小的规则而已。同时，摩尔根兴奋地看到，这种制度的存在表明，人类在蒙昧时代开始提出组织方面的规则，使社会与一般的"杂交"区分开来。

　　从理论上说，每一个氏族都是由两个假定的女性祖先的后裔组成的，每一个氏族都包括8个婚级中的4个婚级。子女与某一氏族的关系，可以从婚配规则中表现出来。例如，鬣蜥氏的玛塔必须与孔博结婚；她的子女就是库比和卡波塔，而且必然都属鬣蜥氏，因为世系是按母系下传的。因而，婚级组织的产生，目的是为了取缔兄弟、姊妹之间的通婚（第55页）。接着，婚级组织又开始出现有利于氏族发展的改革。这一改革体现在两个方面：一是允许三氏族一组内的各氏族在一定限制范围内相互通婚，二是允许早先不许通婚的婚级通婚了。对卡米拉罗依部落的社会面貌进行定性时，摩尔根认为，这个部落已从婚级制走向氏族制，它代表的过渡形态，也反映了氏族代替婚级而成为社会组织的基本单位的一般历史进程[1]（第56页）。

---

〔1〕 摩尔根在寻找佐证时，引用了摩门教的例子，认为这一教派作为"近代文明的赘疣"，"不过是古老的蒙昧文化留在人们的脑海中尚未被清除的残余而已"。接着，他认为进化的事实与我们的大脑的扩大有关，他说："我们的大脑与往古的蒙昧人、野蛮人的头颅中从事活动的大脑是同样的，这是靠世世代代相传保留下来的；这副大脑传到今天，已经被它在中间时期为之忙碌不已的思想、愿望和感情填塞得满满的了。就是这同一副大脑，随着世世代代经验的培养，它变得比从前更老练了，也更大了。野蛮社会的精神处处露头，就是因为这副大脑频繁地重现它的古代癖性。这些都可以解释为一种精神的返祖现象。"（第58—59页）

易洛魁人的氏族

　　对澳大利亚土著卡米拉罗依人氏族隐藏的婚级制"文化残存"的分析，是摩尔根在"政治观念的发展"这一编里列出的开头一章。这项研究是在他从事了多年的美洲易洛魁印第安人部落社会的研究之后展开的。研究的目的，是为了替易洛魁的社会组织找到一种实证的"前身"。在书写《古代社会》之前，摩尔根早已断言，人类最早的历史上，曾存在"乱交"时期，同时他也早已断言，他在实地中看到的易洛魁社会是一种相对先进的过渡形态。在阐述了澳大利亚土著的婚级制之后，摩尔根花了大量笔墨概述他以往对易洛魁人亲属制度进行的研究，重复了《易洛魁联盟》一书中的多数内容。之所以在有关婚级制的论述之后插入关于易洛魁人氏族组织的分析，是因为在摩尔根的心目中，氏族组织是一种婚级制之后社会进步的结晶。

　　摩尔根说："易洛魁人把他们的政治方式从氏族发展到部落联盟，使其每一个部分都达到完备的地步，因而成为绝好的实例，可用来说明氏族组织处于原始形态下的种种性能。"

（第 68 页）那么，这个"绝好的实例"说明的氏族组织的"性能"包括哪些？摩尔根部分接受梅因《古代法》中的说法，认为易洛魁人氏族的特色体现在它授予其成员的权利以及它给其成员规定的义务上面，这些权利、特权和义务构成了所谓的"氏族法"（jus gentilicium），可以罗列出如下 10 条（第 69—79 页）：

1. 选举氏族首领（sachem）和酋帅（chief）的权利；

2. 罢免氏族首领和酋帅的权利；

3. 在本氏族内互不通婚的义务；

4. 相互继承已故成员的遗产的权利；

5. 相互支援、保卫和代偿损害的义务；

6. 为本氏族成员命名的权利；

7. 收养外人为本氏族成员的权利；

8. 公共的宗教仪式（存疑）；

9. 一处公共墓地；

10. 一个氏族会议。

对于如上列出的 10 项所谓"氏族法"，摩尔根唯一觉得应该注明"存疑"的是"公共的宗教仪式"这一项。他觉得这应当存疑的原因，是考虑到在易洛魁氏族中，公共的宗教仪式并没有作为一种系统的制度存在，而他自己是从希腊部落和拉丁部落的历史研究中，找出宗教仪式这一"氏族法"项目的。在古代欧洲，宗教仪式在氏族中占有突出的地位。那时有一种"非常高级的多神教"，摩尔根认为这种"非常高级的多神教"是从氏族中产生出来的。他说："在氏族中长久地保持着一些宗教仪式。其中某些宗教仪式被他们认为具有神圣性，于是便普及为全民族所信奉的宗教。"（第78页）尽管古代欧洲的宗教仪式保留得比较完整，但这个文化体系却缺少易洛魁人"氏族法"的第一、第二和第六项。摩尔根推测，在比希腊和拉丁文化更早的年代里，这几项也应该存在。

在列出"氏族法"的基本内容后，摩尔根简略叙述了美洲各地土著中氏族的特征。从氏族的徽号看，氏族都以某种动物命名，人的个体性被氏族所掩盖，这证明氏族是社会组织的"低级状态"（第83页）。关于一个氏族内的人数，摩尔根说，它的规模依氏族的多少以及本部落的盛衰而有所不同。塞内卡部3000人平均分属8个氏族，每一个氏族约合375人。鄂吉布瓦部15000人平均分属23个氏族，每一个氏族约合650人。切罗基部的每一个氏族平均在1000人以上。就主要的印第安部落的现状而言，每一个氏族的人数大约在100人至1000人之间（同上）。就制度历时的长度而言，摩尔根认为只有亲属制度可以与氏族制度相提并论。氏族制度建立得早，所维持的时间又长，使我们不得不认为，就此两点足以证明"这种组织对于处在蒙昧状态和野蛮状态下的人类是特别合适的"（第84页）。也就是说，氏族是政治社会的前身。

前面的介绍已提到，摩尔根已区分出两种"政治方式"。其中，第一种，被认为是最古的一种，摩尔根称之为"社会组织"，其基础为氏族、胞族和部落；第二种，被认为是最晚近的一种，摩尔根称之为"政治组织"，其基础为地域和财产。在氏族社会里，政府与个人之间的关系是通过个人与氏族、部落的关系来体现的，而这些关系纯粹属于人身性质。在政治社会里，政府与个人之间的关系是通过个人与地域（乡、县和国）的关系来体现的，这些关系纯粹属于地域性质。两种方式在摩尔根的时代，其实是并存的，它们分布于世界上的不同地区和不同文化中。然而，摩尔根认为，前者属古代社会，后者属近代社会（第61页）。他还认为，氏族组织曾流行于整个古代社会，遍及于各大洲，因而，不论在何处所见到的氏族社会，其结构组织与活动原则都是一致的。氏族社会向政治社会的转变，是因为人在历史中经历了进步发展，是因为社会形态由低级状态转变为高级状态（第62页）。

氏族社会向政治社会的演进，是人类整体历史的基本特征。在氏族社会和政治社会两个阶段内部，社会形态的演进也是正常的。就氏族社会而言，它是一个由共同祖先传下来的血亲所组成的具有专名的团体，是按血缘关系结合起来的，只包括共同祖先传下来的一半子孙。往古时代的世系一般均以女性为本位，氏族是由一个假定的女性祖先和她的子女及其女性后代的子女组成的，依照女系传承。随着时间的推移，财产大量出现于人类社会中，世系也就转变为以男性为本位，氏族由一个假定的男性祖先和他的子女及其男性后代的子女组成，传承的原则也是男系的。氏族组织起源于蒙昧阶段，持续于野蛮阶段的三个时期。最后，一些较先进的部落接近了文明阶段，这时，氏族组织开始丧失其存在的根基，不再能满足文明阶段的要求，被财产和地域关系取代，自身逐渐趋于灭亡（第 64 页）。

摩尔根强调，站在今人的角度看，氏族组织是一种"落后文化"；但站在历史的角度看，氏族组织还是有许多优点的。首先，氏族社会中不存在国家，所谓的"政府"基本上是民主的，因为氏族、胞族和部落都是按民主原则组织起来的（第 66 页）。其次，氏族内部禁止互婚，人类开始学会祛除血亲通婚的弊端，促进种族活力的增长。再次，亲属的团结、完全以女性为本位的体系以及氏族内部之禁止通婚，是氏族的三个主要基础。这三个基础随着氏族观念的日益发展而发展，自然地促发了成双配对的氏族，为氏族之间经由通婚到政治的联盟提供了前提（第 67—68 页）。

古希腊与人类学

接着"易洛魁人的氏族"一章，摩尔根写了三个章节的长论，概述了易洛魁人的胞族、部落和联盟，又用两章叙述了他对其他部落氏族组织和阿兹特克文明的研究。值得注意的是，《古代社会》中关于"政治观念"的分析，除了氏族这一说之外，其他的论述使用的基本概念和体系，大多与英国功利主义思想家的希腊史论述一致。同样值得注意的是，摩尔根在论述世界各地民族志资料中的氏族组织时，前后贯穿着一个饶有趣味的观点，即主张用"法"这个概念来形容氏族。摩尔根与《古代法》的作者梅因一样，深受格罗特的影响。他们三人之间没有亲密的人际关系，却从各自的角度，运用各自的资料，来阐述同一个问题，即，罗马法的演化问题。三人也不约而同地以欧洲法律的主要概念为依托，来追问人类关系结构的普遍规律。希腊的模式被认定是解决政治社会兴起问题的典范。

为了强调自己展开的研究是从美洲印第安部落的研究出发的，摩尔根在文本的前前后后不断营造一种"异文化"的氛围，让我们觉得他的论述纯属一种人类学的探索。然而，当摩尔根进入对政治观念和社会组织形态的理论铺陈时，他没有彻底掩盖希腊模式在他的叙述中的典范意义。而在今天这个时代里重新阅读摩尔根，我们更不能不看到：从一定意义上讲，是启蒙哲学家对希腊的论述，为人类学家对欧洲以外的民族展开进步史探索提供了前提；是希腊在欧美学者诠释政治社会转型中的典范地位，为摩尔根的进步主义人类学开拓了视野。因而，要理解他对政治社会展开的人类学解释，我们不能不将他关于欧洲以外民族的"风俗"的描述，回归到对希腊史的想象中去考察，恢复希腊史在《古代社会》中的典范地位，再回到易洛魁人氏族、胞族、联盟的研究，考察这项研究的具体内容。

格罗特的《希腊史》（1851）中阐明了一个观点，即，希腊史典范地证明了家庭史是政治社会史的前身。也就是说，通过对希腊史的研究，我们能看到，人类社会早期的组织基础是家庭。随着历史的发展，家庭逐步得到联合，确立起更大的共同体，包括氏族、胞族、联盟。随着部落联盟的兴起，希腊的文明化也开始了。希腊城邦是政治社会确立的标志，它使希腊人与先前的"野蛮人"区分开来，进入文明社会。在政治演化的过程中，希腊人从以亲属制度为基础的群体中寻求民主制度的因素，经历了一个阶段的君主制和暴君制，最终在雅典取得一种高级的民主制度形态。换言之，亲属制度经过了"否定之否定"，为近代欧洲启蒙运动的理想——希腊模式——奠定了制度基础。

在格罗特看来，家庭代表的亲属制度是政治社会兴起以前的普遍模式，知识分子可以从对家庭的研究中看出西方民主传统的历史根基。在其早期的著述中，摩尔根也接受这一观点。但是，在《古代社会》一书中，摩尔根系统地表达了他对这种观点的反叛。在摩尔根看来，家庭是以配偶和子女的独占权为基础的，它的最高形态是文明社会中法权的基础。要为希腊民主制度寻找历史根基，我们必须考察比家庭带有更多的"集体主义"色彩的制度。氏族制度就是其中最重要的一种类型。摩尔根于是提出如下观点：

> 氏族，就其起源来说，要早于专偶制家族，早于偶婚制家族，而与伙婚制家族大致同时。它决不是建立在任何一种家族基础上的。它决不以任何形态的家族为其构成要素。与此相反，无论在原始时代还是在较晚时代，每一个家族都是一半在氏族之内，一半在氏族之外，因为丈夫和妻子必须属于不同的氏族。要解释这一点，既简单又能解释得彻底，那就是：家族之产生与氏族无关，它从低级形态发展到高级形态完全不受氏族的影响，而

氏族则是社会制度的基本单元，是长期存在的。氏族全部加入了胞族，胞族全部加入了部落，部落全部加入了民族；但家族不可能全部加入氏族，因为丈夫和妻子必须属于不同的氏族。

……任何形态的家族都不能作为任何社会结构的基础，因为家族不可能作为一个整体加入一个氏族。氏族是纯一的，它维持的时间相当长久，因此它也就自然而然成为一种社会制度的基础。一个专偶制的家族也可能在一个氏族内和在一般的社会中具有个体化的倾向，并且具有力量；但是，氏族还是不曾、也不可能认定或依靠家族作为它自身的单元。（第226—227页）

上文中，我们已用简短的几段文字概述了摩尔根对氏族的研究。摩尔根列举的10条"氏族法"，包括三个方面的内容，即，氏族社会中"民主选举领袖"的办法、财产关系与社会关系结构及包括宗教在内的公共符号。显然，对摩尔根来说，恰恰是这三个方面的"氏族法"构成民主政治的基础。对易洛魁氏族展开人类学研究，其意义在于从历史遗留下来的活生生的文化实例里，找到希腊民主政治的踪影。与易洛魁人一样，希腊人最早的"政府"是以氏族为其基本单元组织起来的。氏族社会不同于政治社会或国家。在希腊人中，其政府机构为酋长会议，与之合作的则是有一个阿哥腊（即人民大会）和一位巴赛勒斯（即军事统帅）。在同一章中，摩尔根列举了雅典人的 10 条"氏族法"，认为除了世系由男性下传、承宗女可以在本氏族内通婚、最高军职可能世袭这三者以外，其余各项与易洛魁人的氏族法没有多少差异。摩尔根由此推断，氏族是希腊部落和易洛魁部落具有的一种同源的组织：希腊人处于氏族的晚期形态，而易洛魁人则处于氏族的原始形态中（第 226 页）。

摩尔根认为，在"氏族法"制度下，人民自由，制度民主。但是，在"进步观念"和"需要"二者的影响下，氏族不得已发生变革。希腊人的例子中那三项与易洛魁人不同的"氏族法"之所以存在，是因为氏族制度的变革只限于三个方面，而没有完全适应时代的需要。这种社会仍然建立在人身关系的组织上，它是通过个人与氏族、个人与部落的关系来进行治理的。随着历史的发展，希腊人才逐步超越原始的政治方式，开始感到需要一种政治制度。为了建立政治制度，希腊人创立乡区，"环之以边界，命之以专名"，将居民组成一个政治团体。此后，氏族成员变为市民，其与国家的关系通过地域关系来体现，个人与氏族的人身关系被消除。乡区长官在某种意义上也便取代了氏族酋长的地位，氏族成员的流动性被拥有固定财产的永久性乡区所取代（第 218 页）。雅典是希腊人一般制度的典范。在雅典，凡是与氏族、部落的组织有关者，都能找到其影子。雅典的氏族处于氏族制度的末期形态下，它与文明初期的一些因素的关系是矛盾的，但它在这些因素面前步步退却，使自身成为"人类社会脱离了蒙昧阶段，经过野蛮阶段，而进入文明阶段的初期"的典型案例（第220页）。

雅典的"民主仪式"

格罗特笔下的希腊社会，是由家庭逐步融合为氏族、胞族、联盟等较高级共同体的成果。摩尔根对希腊的研究，依据的大多数素材与格罗特相同，他采纳的概念，又是格罗特系统提出的。但是，在他看来，希腊政治转型的过程，与格罗特所说的有所不同。这一过程是氏族的分化，而不是家庭的聚合；分化不等于共同体规模的缩小，而意味着它的扩大。同时，氏族、胞族、联盟等组织在历史上的存在是有时间先后顺序的。摩尔根说：

> ……希腊人在李库尔古斯和梭伦以前，其社会组织只有四个阶段（氏族、胞族、部落、民族），这四个阶段在古代社会几乎是很普遍的，在蒙昧社会即已出现其中的一部分，到了低级、中级、高级野蛮社会而臻于完备，至文明社会伊始以后仍然持续着。这一体系表现了人类在建立政治社会以前，其政治观念发展到何种程度。这就是希腊人的社会制度。它产生出一种社会，这个社会

由一系列按人身关系结合的集团所组成，其政治机构就是通过它们对氏族、胞族和部落的人身关系而进行管理的。它还是一个与政治社会不同的氏族社会，这两种社会在本质上有区别，很容易分辨出来。（第243页）

胞族是希腊社会制度中的第二层组织，也是在氏族之后发展起来的第二种组织形态。摩尔根从传说推测，一个胞族所包含的氏族大概是从一个母系氏族分化出来的，所以胞族的天然基础即在于血缘关系（第236页）。这一点，摩尔根认为是具有普遍性的，与其他民族相同。不过，希腊胞族有一个特殊的主要功能，即它的宗教功能。在以希腊为代表的西方"古典世界"中，多神教，包括它的群神体系（pantheons）以及崇拜象征和崇拜仪式，与后来基督教的一神主义很不一样，它们都是在氏族和胞族多元组织中确立的。多神教代表的一套神话体系，对于传统时代和有史以来的伟大成就曾起过激励作用，它也曾为希腊神庙和装饰建筑奠定了精神基础。最初的宗教仪式是凌乱而分散的，随着胞族的建立，不同社会团体的宗教仪式产生了重大变化。一些被人们认为具有特别崇高的神圣意义的仪式，从众多的仪式制度中脱颖而出，成为"全民化"的公众活动，由此促成了希腊共同体的形成（第240页）。

在阐述胞族在希腊政治转型中的作用时，摩尔根毫不犹豫地将氏族的仪式当成希腊民主制度的宗教基础来分析。据他的描述，希腊各个氏族都有其执政官，执政官不单是行政长官，他也在氏族举行宗教典礼时充当祭司；希腊每个胞族也都有其胞族长，胞族长主持胞族会议，并在胞族举行宗教祭典时充当祭司，而胞族的宗教典礼就是其所包含的各氏族的宗教典礼的扩大形式（第241页）。当一个部落中的几个胞族联合举行他们的宗教仪式时，其组织结构便又高于胞族，是以部落的名义举行的。这种部落典礼由部落的巴赛勒斯主持。掌握宗教上的职能，是巴赛勒斯的专职。此外，巴赛勒斯也充当司法首脑（第242页）。

氏族通过宗教仪式，不断促进氏族团体间的结合，使希腊人逐步从氏族、胞族、部落这三个阶段走进了氏族社会的最后阶段，成为希腊民族。此时，社会进一步得到扩大。民族奠基于部落组织基础之上，"只不过是像部落一样的一个更复杂些的复本而已"（第243页）。摩尔根于是说："部落在民族中所居的地位，正如同胞族在部落中的地位，和氏族在胞族中的地位。"（同上）民族与部落的差异，只不过在于后者是一个没有名称的机体，而前者则有了专名。希腊民族脱胎于氏族社会的母体，在其兴起的初期，与氏族社会母体的脐带久久未被剪断，长期从母体身上汲取养分。

在政府组织方面，雅典民族有三个不同的部或权力机构，即酋长会议、阿哥腊（即人民大会）及巴赛勒斯，三者在某种意义上是平等的（第243页）。酋长会议的权力是至高无上的，政府的每一个官职，从最高级至最低级，在公务上向酋长会议负责（第244页）。阿哥腊（人民大会）在传说时代已成立，但不如酋长会议古老（第245页）。阿哥腊始见于荷马史诗和希腊悲剧中，它的职能是批准或批驳酋长会议所提出的公务措施方案。也就是说，在雅典民族中，拟定公务措施方案的大权把握在酋长和酋长会议手里。措施方案拟定之后，提交人民大会（阿哥腊）听候批准或批驳，人民大会具有最后决定权。不过，阿哥腊的功能仅限于这一项，它不能提出议案，也不能干涉行政，它的作用在于保障民众政治参与的自由（第245—246页）。巴赛勒斯在英雄时代的希腊也已存在，是按照惯例，根据一个选民团体的自由选举被选入继承人之列的，它代表的是"军事民主制"。在这种制度下，巴赛勒斯是人民的司令官，具有军事和宗教的双重职权（第247—248页）。酋长会议按成规统驭氏族、胞族、部落和民族的最高权力机构，巴赛勒斯在行使职务时要向这个会议负责（第250页）。

可见，摩尔根笔下的雅典社会，很像是近代美国创立的民主制度。这个社会中的酋长会议、阿哥腊、巴赛勒斯，与参议院、众议院、总统这些名堂——对应。而摩尔根从不讳言，在他看来，近代民主制度是从雅典民族那里得到启发而创立的。更值得我们关注的是，摩尔根将民主制度追溯到雅典还不满足，而进一步将雅典的民主往前推，认为它是从"史前史"的氏族组织中演化出来的。他说：

> 当雅典人建立以地域和财产为基础的新的政治体制时，他们的政府是一种纯粹民主制的政府。这并不是什么新鲜的原理，也不是雅典人头脑中所独特发明的东西，这只是一种久已习惯的制度，其历史之悠久与氏族本身的历史相等。从远古以来，在他们祖先的知识和实践中，即已存在民主观念；到了这时候，这种民主观念得以体现于一个更加精心组织而在许多方面较前更为进步的政府之中。（第 253 页）

"睿智的野蛮人"

摩尔根毕竟是一位西方人类学家。对他来说，揭示古希腊政治转型的奥秘，并由此展望文明的进程，是他研究的最终目的。但是，要达到这个目的，他也知道停留于古希腊文化的考据学，难以赋予自己的研究以它所宣明的普遍性。加之，摩尔根从律师转变为人类学家，除了个人的兴趣之外，还有一个更重要的理由，那就是："当美洲印第安人部落被发现的时候，他们正体现着人类文化的三个不同的阶段，并较当时地球上任何其他地方所体现者更为完备。"（第 iii 页）因而，在《古代社会》这部著作里，摩尔根耗费了最多的笔墨来叙述印第安人氏族组织向政治社会的转变。

晚近的人类学家时常忘记一个事实：摩尔根在印第安人文化中看到了欧洲人的过去，这使他的论著深深地打上了进化论和欧洲中心主义的烙印，但也令这些论著充满着特殊的魅力。摩尔根不断强调，从心智能力来说，印第安人与欧洲人一样充满睿智，只不过是因为大洋的阻隔，他们的文化在过去的数千年历史中依然没有从原始制度里脱胎出来。对于深潜于文化的原始土壤中的印第安人，摩尔根带着深重的敬畏之心。他愿意充当他们的养子，也愿意用文字叙说他们的文化的命运。摩尔根开始书写，300年来，印第安人文化已经遭受美国文明的侵袭而"一直不断在湮灭中"（第 iii 页）。作为人类学家，摩尔根无力拯救这一文化，却希冀通过自己的撰述来保留历史的某些片段，为后世理解人类文明的由来提供参考。在实践他的理想的过程中，摩尔根无法摆脱欧洲思想观念的影响。他用以书写原始文化的笔墨，带着浓厚的西方文明史的意味。对于后人来说，这不无遗憾之处。然而，就生活于19世纪的摩尔根来说，除了这样做又有什么其他办法呢？

《古代社会》中关于政治转型的那一编，有6章集中分析印第安人的历史经验。这6章里，有4章写的是他所熟知的易洛魁人的社会生活。总体来看，所有的章节都在论证人类政治观念经由氏族组织向政治社会的转变。通过前面两个章节的分析，我们已经清晰地看到，摩尔根对易洛魁人的氏族与希腊人的氏族进行的比较社会学研究，目的在于指出在欧洲与美洲这两个远隔重洋的大陆之间，有一个历史的脐带连接着分离的人类。作为政治文化的共同"祖先"，氏族正是这个脐带。接着，摩尔根用了几个章节来阐述在氏族的基础上积累起来的人类政治成就，特别是氏族向胞族、胞族向部落、部落向联盟、联盟向国家演化的途径。

顾名思义，"胞族"一词，是指兄弟同胞的关系。摩尔根认为，这种组织是由氏族组织自然而然产生出来的。一方面，胞族是同一部落中的两个或两个以上的氏族为某种共同目的而结成的一种有机共同体或联合组织；另一方面，凡结成一个胞族的氏族，通常原先都是由一个母氏族分化出来的（第86页）。在美洲土著部落中，胞族组织相当普遍地存在着。印第安的胞族组织像希腊拉丁部落的胞族一样，在组织机构的序列中居于第二位（第88页）。例如，易洛魁人塞内卡部落的8个氏族重行组合为两个胞族：第一胞族包括：（1）熊氏，（2）狼氏，（3）海狸氏，（4）龟氏。第二胞族包括：（5）鹿氏，（6）鹬氏，（7）苍鹭氏，（8）鹰氏。同属一胞族的氏族，彼此互为兄弟氏族；而与属另一胞族之氏族，则彼此为从兄弟氏族。胞族之间的关系是平等的。摩尔根认为，早期同一胞族内的成员是不许相互通婚的。这一禁规的存在表明，胞族内的各氏族是从一个母氏族分化而来的。后来，随着胞族的扩大，这一禁规被取消了，只保留不得与本氏族中人通婚这一条。胞族形成的自然基础是各氏族间的亲属关系，它的形成过程则首先表现为氏族因人数增加而引起的分化。分化后的氏族，为了它们的共同目的而联合，形成胞族组织。在摩尔根研究的几个印第安部落中，胞族的组合形式有所不同，有些氏族日益昌盛，有些氏族遭到灾难，有些氏族则完全灭绝。为了保持各个胞族的人数约略相等，在印第安人中产生了一种观念，即人们意识到要将某些氏族从这一个胞族转移到另一个胞族中去（第91页）。

易洛魁人的胞族组织在时代上比部落联盟早。摩尔根认为，易洛魁联盟大约是在15世纪才建立的。在易洛魁人中，胞族的存在，既有社会性的目的，也有宗教性的目的，其功能和效用包括：（1）竞技，（2）部落会议，（3）谋杀案件的解决，（4）丧葬仪式（第93—94页）。胞族与各氏族首领和酋帅的选举也有直接关系，氏族选举继任者，或选举低一级的酋长，必须得到每一个胞族的认可。关于承认或否定选举的问题，每一个胞族举行一次会议，然后宣布其决议。如果提名的人选得到双方胞族会议的同意，选举即告完成；如任何一方胞族反对，原来的人选即被取消资格，而由本氏族另行选举（第94页）。摩尔根认为，胞族与氏族、部落和联盟的不同之处，在于它不具备狭义的"政府功能"。但是，在社会事务中，胞族具有很大的行政权力，特别是在宗教生活方面，有着广泛影响。因为印第安人的胞族比希腊人的同类组织处在更早的历史阶段里，所以，它没有正式的领袖，也没有专属于胞族而不属于氏族或部落的宗教官职。

印第安人的胞族之上，有部落组织。这里的部落，由若干氏族组成，而这些氏族是由两个或两个以上的氏族发展起来的，其所有的成员通过通婚混合成一个整体，都说同一种方言（第102页）。在印第安人当中，部落各有其鲜明的特征，在功能上表现为这些要点：（1）具有一块领土和一个名称，（2）具有独立的方言，（3）各氏族选出来的首领和酋帅有授职之权，（4）对这些首领和酋帅有罢免之权，（5）有一种宗教信仰和崇拜仪式，（6）有一个由酋长会议组成的最高政府，（7）在某些情况下有一个部落大首领（第110—115页）。

联盟是在部落基础上形成的。在印第安人当中，凡属有亲属关系和领土毗邻的部落，为了相互保卫，会结成联盟。摩尔根说，这种组织起初只是一种同盟，经过实际经验认识到联合起来的优越性以后，就会逐渐凝结为一个联合的整体。产生联盟的条件和组成联盟的原则非常简单。联盟是既存的因素应时而自然地产生出来的。一个部落一旦分化为几个部落之后，这几个部落各自独占一块领土而其领土互相毗邻，于是他们便以同宗氏族为基础，以方言接近为基础，重新结合成更高一级的组织（联盟）。氏族所体现的亲属感情、各氏族间的同宗关系，以及他们相互可以理解的方言，这三者是联盟形成的基础。从这个角度来看，联盟是以氏族为基础和核心，以共同语系为范围形成的（第122页）。

易洛魁人的联盟大约是在公元1400—1450年间组成的。易洛魁人这时分为五个独立的部落，所占领土彼此毗连，所操方言属同一种语言。除此之外，在若干部落中有某些共同的氏族。这种氏族是从同一个氏族中分出来的，他们彼此同宗。并非所有印第安人都能组合成联盟。在美洲大陆的各个不同地区，还有其他一些人口众多的部落与易洛魁人有相同的处境，但是并没有组成联盟。摩尔根认为，易洛魁人部落能够完成联盟的事业，证明他们有着优秀的才能，证明他们是美洲土著中"最聪明的部落"（第124页）。易洛魁人的联盟是由五个部落的巫师和酋长在一次会议上组成的。这次会议上，部落精英们制定了联盟的权力行使、职能划分和行政方式。联盟传到摩尔根时代已经历了许多代，其内部组织几乎没有任何改变。易洛魁联盟的一般特征可以概括为下列各项（第125—126页）：

（1）联盟是五个部落的联合组织，由同宗氏族组成，在一个建立于平等基础上的政府的领导下；凡属地方自治有关事宜，各部落均保留独立处理之权。

（2）联盟设立一个首领全权大会，参加此会的首领名额有固定的限制，其级别与权威一律平等，此会掌握有关联盟一切事宜的最高权力。

（3）设置50名首领，各授予终身的名号，这50名首领分配在各个部落的某些氏族中；这些氏族有补缺之权，即每逢出缺时，由本氏族在自己的成员中选人补任之，本氏族如有正当理由亦有权罢免其本族之首领，但对这些首领的正式授权则属于首领全权大会。

（4）联盟的首领也就是他们各自所属部落的首领，他们同各部落的酋帅一道分别组成各部落会议，凡专属某部落之一切事项则由该部落会议全权处理。

（5）每一项公共法令必须得到联盟会议的一致通过始为有效。

（6）首领全权大会是按部落为单位投票的，因而每一部落都可以对其他部落投反对的一票。

（7）每一部落会议都有权召集全权大会，但全权大会无自行召集之权。

（8）任何人都可以在全权大会上发表演说来讨论公共问题，但决定权属于大会。

（9）联盟无最高行政长官或正式首脑。

（10）他们体验到有必要设置最高军事统帅，为此设立双职，使两个统帅可以互相节制。这两名最高军事酋长的权力是平等的。

摩尔根罗列出易洛魁人氏族、胞族、部落和联盟的组织细节和"政府功能"，不是漫无目的的。在字里行间，他的民族志陈述闪烁着某一理论的光芒。这一光芒直射人类政府观念的发展史，从蒙昧阶段之组织氏族，到文明阶段建立政治社会，照亮了潜在于众多文化表层之下的人类政治智慧。摩尔根认为，人类政治智慧表现出如下三大进展阶段：

（1）低级野蛮社会。产生由氏族选举的酋长会议所代表的部落政府，或"一权政府"。

（2）中级野蛮社会。产生由酋长会议和一个最高军事统帅平行的政府，其一执掌内政，其一执掌军务。最高军事统帅的职位就是最高行政长官、国王、皇帝或总统等职位的萌芽。摩尔根称这种政府为"两权分立政府"，"两权"者即指酋长会议和最高军事统帅而言。

（3）高级野蛮社会。产生由一个酋长会议、一个人民大会和一个最高军事统帅来代表一个民族或一群人民的政府。荷马时代的希腊部落和罗慕路斯时代的意大利部落中的政府即是其例。摩尔根称之为"三权并立政府"，"三权"指预筹会议、人民大会和最高军事统帅。他还认为，这种政府一直维持到政治社会之形成，流传到近代变成议会、国会和立法机构的两院。（第116—117页）

在摩尔根看来，印第安部落处于低级野蛮社会和中级野蛮社会，代表了从蒙昧社会进至文明社会过程中的两大文化期。通过对印第安人社会组织的研究，摩尔根认为可以透视到他的欧洲远祖的历史状况，看到他们也先后经历过与此相同的两个社会状态。他还强调：

> （我们的远祖）几乎毫无疑问地也具有与印第安人相同或非常相似的制度及其许多风俗习惯。不论我们个人对美洲印第安人的兴趣是多么小，总之，他们的经验与我们的关系是相当密切的，那是我们自己祖先的经验的一个实证。我们的一些重要制度都源于早先的一种氏族社会，在那个氏族社会里有着氏族、胞族和部落这样的组织体系，其政府机构亦为酋长会议。在那样的古代社会中，必定有许多现象同于易洛魁人及其他印第安部落的社会。这个看法有助于提高我们对人类各族制度进行比较研究的兴趣。（第143页）

对他来说，易洛魁人的联盟是处于氏族社会的一个绝好例证。它代表的中间阶段是过渡性的阶段，它自始至终仍保持着军事民主制，基本上是民主制的。尽管它不是民主制的最高型范，但它却是民主制的"原始型范"（同上）。

"弓矢之族"的局限

　　对于希腊与易洛魁两种民主制的典范,《古代社会》一书做了详尽的分析。摩尔根明显感到,它们在世界政治观念史的"地图"上具有标杆的地位,随着这两支标杆的树立,他看到古代世界政治观念发展的一幅宏大图景。他认为这一图景的基本面貌,与他在《古代社会》发表之前出版的其他著作中所论述的血亲与姻亲制度的体系基本吻合。在《人类家庭的血亲和姻亲制度》一书中,摩尔根已区分了人类"关系体系"的"语族－地区"差异。他认为,与世界上三种语言体系中的亲属称谓对应,血亲与姻亲制度存在着"欧洲－西亚"、美洲印第安人、印度以东的亚洲和大洋洲三大区域类型。其中,只有"欧洲－西亚"类型是"描述性的",亚洲与北美同属"分类性的"。在同一著作中,摩尔根还表明,他认为美洲印第安人与亚洲的制度,在时间序列上比"欧洲－西亚"制度早。

　　尽管在《古代社会》中摩尔根没有重复他的亲属称谓观点,但他却暗中强调了美洲印第安人一致论的说法。摩尔根将氏族民主制当成是所有北美印第安部落的共同特点，并认为这些部落的氏族民主制，恰是希腊民主制模式的"前身"。为了论证这一观点，摩尔根在第6章中罗列了印第安部落的氏族世系制度状况，得出结论并声称，在他以前的那些对印第安人文化多样性展开的比较缺乏根据。在摩尔根以前，美洲地区的土著根据生活状况被分为两种不同的类型：其一是"村居印第安人"，这些部落据说多以园艺为生，人口分布于新墨西哥、墨西哥、中美以及印第安高原上的部落；其二是"无园艺印第安人"，这些部落依靠渔猎和面包木薯为生，人口分布于哥伦比亚河谷地带、哈得孙湾区、加拿大部分地区以及美洲其他几个地方。介于上述这两种之间，还有"半村居、半园艺"的印第安人，他们处于过渡状态中，如易洛魁人、新英格兰和弗吉尼亚的印第安人、克利克人、乔克塔人、切罗基人、明尼塔里人、达科他人和邵尼人。摩尔根认为，这种区分有严重的失误，"我们的第一个错误在于对村居印第安人比较进步的水平估计过高；我们的第二个错误在于对无园艺印第安人和半村居印第安人的水平估计过低；由此产生了第三个错误，那就是，将这两者区别为两个不同的种族"（第150页）。他强调："所有这些部落在武器、技术、风俗习惯、发明、舞蹈、房屋建筑、政府形式和生活方式等方面都同样地具有一种共同的心理特征；并通过他们广阔的分布范围反映了从同一个原始观念出发向前顺序发展的几个阶段。"
（同上）

《人类家庭的血亲与姻亲制度》一书早已提出，美洲生活着大约 70 个印第安人部落，它们共有出自同源的同一制度。在那本巨著里，摩尔根还大胆地宣称，他们应列为人类的一个单独的族系。摩尔根名之为"加诺万尼亚族系"，意即"弓矢之族"（同上）。为了说明氏族制在"弓矢之族"中的流行范围，摩尔根描述了这些部落的组织，侧重分析它们的世系规律和有关财产、职位的继承规则。摩尔根声称，这一罗列性的比较表明："在这些部落中，无论何处，只要发现有氏族制度，则其一切基本特点都与易洛魁人的氏族相同……"（第150 页）

为了延伸他的美洲印第安人文化一致性的观点，摩尔根紧接着用了一个章节来陈述他对阿兹特克文明的看法。阿兹特克人的政体曾被西班牙征服者认定是与欧洲当时的君主国一样的"君主政体"。摩尔根认为，这种错误观点完全是因为早期西班牙著述者对阿兹特克人的社会制度的结构和原则未加以细致考察所致（第187 页）。根据阿兹特克人以及参加他们的联盟的各部落都不知道用铁、缺乏货币、以物易物等事实，摩尔根推断，他们刚进入"中级野蛮社会"。因此，摩尔根又说，他们的土地才是公有的，他们过着大家庭生活，在家庭生活中是"实行共产主义"（第188—189页）。那么，阿兹特克人的社会到底应怎样定性？摩尔根说：

> 西班牙人所发现的只不过是由三个印第安部落所结成的一个联盟，像这样的联盟在美洲大陆上到处都有，那些西班牙著述者毫无必要来对这一简单的事实加以夸大。墨西哥印第安人的政府是一个由酋长会议掌握的政府，此外再配合一个指挥军队的总司令。这是一种两权政府：内政权由会议代表，军权由一个最高军事酋长代表。因为参加联盟的各部落的制度基本上是民主的，所以，如果需要一个比联盟更专门一些的名称，我们可以称之为军事民主政府。（第189页）

阿兹特克联盟是在1426年才建立的。此前，峡谷中的部落彼此交战，势力范围仅限于自己所占据的地方。从1426年至1520年，这个联盟同它的邻近部落不断进行战争，他们首先着手征服距离最近的一些部落，凭借着人多势众取胜，接着向外扩张，迫使被征服者向他们纳贡。不过，这个联盟的统治范围不超过墨西哥峡谷周边100英里。在摩尔根看来，阿兹特克人所组成的政府，只不过是一种部落联盟而已。比较而言，其组成方式与配合机能或许还不如易洛魁联盟发达。

其中的领导权只包括军事酋长、首领和酋帅，而这些在其他部落联盟中都存在（第196页）。也就是说，"阿兹特克君主国"这个说法是"虚妄的"，"而且也是对印第安人的歪曲"（同上）。为了理解这种特殊的部落联盟制度，摩尔根认为有必要分析它的氏族和胞族的面貌、酋长会议的存在及其职能、最高军事统帅职位的产生及其职能，而在第7章中，他自己花了大量心血从文献记载中寻找这三种制度及其职能的踪迹（第197—212页）。

在阿兹特克人中，氏族和胞族广泛存在。摩尔根认为，这表明这个联盟是由血缘关系团结在一起的集团。阿兹特克人的军事组织，也是按氏族和胞族编制的。至于阿兹特克人继承财产的习俗规定，有关资料混淆不明，矛盾百出。但是，摩尔根确信，这些习俗反映了在他们之中存在血缘集团，并反映出父亲的遗产由其子女继承（第202页）。此外，摩尔根相信，阿兹特克人的"政府形态"，也是酋长会议（第202—205页）。这种会议由号称首领的酋长组成，这些首领终身代表各亲族团体在酋长会议中的地位（第203页）。在阿兹特克人中也存在被称为"吐克特利"的"军事酋长"。作为酋长会议的一个成员，他有时也被称为"特拉陶尼"，意即"议长"。这个军事总指挥的职位，是阿兹特克人当中最高的职位，它与易洛魁联盟的最高军事酋长是同一种职位。摩尔根认为，最高军事酋长职位的氏族承袭方式本身，证明了阿兹特克人中存在着氏族。军事酋长所任之职位是在一个氏族内世袭的，其人选则由全氏族成员从本氏族内选出，然后把他们提名的人选分别通知阿兹特克的四个宗族或四区，以求取得他们的意见（同意或否决）（第209页）。摩尔根说，根据"他们的制度的民主性和他们的进步水平来看"，"阿兹特克人已经发展到即将可望产生人民大会的阶段了"（第212页）。

一盘散沙的野蛮人

摩尔根把所有的印第安人都纳入氏族社会的范围来考察，是为了揭示人类在原始形态下，社会制度的单元具有何种能力来组织社会。所有的论述，无非是为了说明一个论点：当人类进入"中级野蛮社会"之时，他们已共同抵达一种政治文化发展的高度。原始的氏族民主制为政治社会的兴起提供了原始基础；在这个基础面前，无论是欧亚大陆，还是美洲那块漂离文明的大地，都面临着历史给予的机会，它们离同时进入文明阶段只有一步之遥，成为一个文化共同体。然而，历史的具体发展，却与这个进化的阶段论有差距。数千年前，希腊已经向文明社会迈进，而时至19世纪，摩尔根仍然在美洲印第安人当中目睹着数千年前的历史。

何以解释大洋两岸社会制度的差异？摩尔根在书中提出了一个大胆的设想：

> ……当希腊人和罗马人整整地多经历了两个文化期、取得了更多的经验而出现在文明社会的大门前时，他们

当中也有着与易洛魁人相同的政府体系，这种政府也是按氏族社会的氏族、胞族和部落组成的。在他们当中，世系已经以男性为本位，财产继承权已经归于所有者的子女而不归同宗亲属，家族这时候也已经采取专偶制形态了。财产的增长这时候已经成为一种可以左右一切的因素，而聚居于城郭之内的人口也不断增多，这两者慢慢地显示出需要有第二个伟大的政治方式，那就是政治社会。当社会的发展趋近于文明之域时，旧的氏族制度已不能适应社会的需要……氏族的消亡与有组织的乡区的兴起，大体上可以作为野蛮世界与文明世界的分界线，也就是作为古代社会与近代社会的分界线。（第 145 页）

《古代社会》这部著作的大部分叙述了氏族民主制的原始根基，但到最后，摩尔根却笔锋一转，绕进了希腊、罗马政治体制的分析。在这个分析中，摩尔根看到了政治体制演化的前提条件。于是，摩尔根突然醒悟到，他对印第安人展开的研究，"其本身的意义不大"，但若是将印第安人的酋长会议作为近代议会、国会、立法机构的萌芽来看，那这项研究"在人类历史上就具有重要的意义了"（第 116 页）。如此一来，在《古代社会》中占据显要位置的印第安人，一开始给人的印象似乎是，现代文明人有的他们都有，到头来他们拥有的一切却成为他们缺乏一切的根据。摩尔根由此推论：

> 在氏族制度的基础上不可能建立一个政治社会或一个国家。一个国家的基础是地域而不是人身，是城邑而不是氏族；城邑是一种政治制度的单元，而氏族是一种社会制度的单元。制度要产生这样一种根本性的改变，必须有足够的时间和广泛的经验来作准备，这都是美洲印第安人部落所未具备的条件。还需要具有希腊人和罗马人那种智力水平的人民，以及从一系列祖先所传下来的经验，才能筹划并逐渐采用一种新式的政府，即文明民族迄至今日仍在其下生活的政府。（第117页）

在看到印第安氏族社会的民主优势的同时，摩尔根早就为他的"希腊－罗马"中心论埋下了伏笔。他预先声称，氏族社会有着某种分化的劣势，而这种劣势的存在，使蒙昧人和野蛮人难以像文明人那样快步进入文明状态。美洲是"一盘散沙"，这成为印第安人没有进入政治社会的原因。在美洲，氏族的广泛分布，使人们用血亲与姻亲制度来组织自身。依靠天然赋予的亲属类别来组织自己的社会，使印第安人的共同体充其量只能发展到部落联盟的阶段，而无法逾越"中级野蛮社会"的界线。以氏族为根基的组织，又与印第安人的语言特质相糅合，以方言为特色，使这个大陆不断处在分裂的状态中，强化人们在地域上的分离关系。仅仅在北美已经发展出40种语系，每一种语系分为许多种方言，其数目与独立的部落数相等。几百年累至数千年，这样的绵延不断的分化，使印第安人丧失了在联盟基础上建立国家的可能性（第103页）。总之，"根据以上的观察，显而易见，美洲印第安人的部落是一种极其简单而落后的组织。组成一个部落只需要几百人，充其量几千人，使这个组织在加诺万尼亚族系中处于受尊重的地位就行了"（第109页）。停留在这样的自足状态中的人群，何以能够进入文明社会？这是摩尔根对我们提出的反问。

政治社会在希腊

摩尔根重申，在政治社会孕育的过程中，氏族制度曾起过进步作用。从军事民主制角度看，氏族制度先推出易洛魁联盟中的那种大战士，接着推出更进步的部落联盟中的军事统帅－祭司（如阿兹特克联盟中的吐克特利），最后推出为联合各部落所组成的民族中需要的军事统帅－祭司－法官三位一体之职（如希腊人的巴赛勒斯）。行政长官职位在氏族制度三个阶段中的发展，为近代政治社会的最高长官制奠定了基础。同时，摩尔根认为，氏族制度下领导权的演变，代表着政治文明发展三个阶段权力分化的基本特征：在低级野蛮社会，是一权政府，即酋长会议；在中级野蛮社会，是两权政府，即酋长会议和军事指挥官；在高级野蛮社会，是三权政府，即酋长会议、人民大会和军事指挥官。自从进入文明社会以后，政府权力进一步分化，在雅典人中出现了司法权，由执政官和大理官来行使，行政权则交给了市行政官吏。结果是，"凡可以说成是人民把酋长会议作为一个代表团体而曾委交给该会议的一切权力，即如上面所述的各项，都随着经验的积累和进步而逐渐地从这个原始的酋长会议所总揽的全权中分化出来了"（第257—258页）。

为此，摩尔根感谢野蛮人的政治经验。他说：

> 我们要感谢野蛮人的经验，他们建立并发展了三个主要的政府机件，现在文明国家的政治方式将这三个机件包括在其编制之中，这是非常普遍的了。人类的心灵，特别是人类所有的个人、所有的部落和民族所共同具有的心灵，其力量的范围是有限度的，因此，这种心灵的活动所遵循的途径是（而且必须是）彼此一致的，分歧很小的。在空间远离的不同地区，在时间遥隔的不同时代，这种心灵活动的结果把人类共同的经验连成了一条在逻辑上前后相连的链索。在这种人类经验的伟大汇合中，仍然可以辨认出少许原始的思想根芽，那些根芽根据人类原始的需要而发展，经历自然发展的过程以后，终于产生了如此丰硕的成果。（第253—254页）

然而，乐观地回顾着古代社会进化的摩尔根，没有放弃对政治文明发展的进一步探求。在强调氏族制度对于人类政治文明的重要贡献的同时，他极力否定氏族制度的长期合理性。他认为：

　　为了社会的福利和安全，必须对政府的权力进行更广泛的分配，加以更明确的规定，并对官吏个人的责任提出更严格的要求；尤其需要由有能力的权威人士制定成文法以代替习俗成规。正是由于在这一个文化阶段以及上一个文化阶段中获得了经验知识，才在希腊人的头脑中逐渐形成了政治社会的观念，或者称之为国家观念。（第258页）

　　也就是说，人类历史上的政治文明化，首先是在希腊实现的。文明化的开端，使改变政治方式成为需要；从此以后，直到文明化效果实现为止，希腊人用了若干世纪的时间才完成了他们的历史使命。希腊人的历史使命是什么？显然是具有标志性地带头使全人类脱离"野蛮人"的氏族制度，进入一个政治文明的新时代。成文法和国家观念的出现，是这一时代来临的最重要标志；而催生这两种制度和观念的，是摩尔根在上面的引文里提到的"有能力的权威人士"。

　　由于史书对雅典人中"有能力的权威人士"的记载并不完整，摩尔根只好根据传说，结合其他学者的阐述，描绘出这些人士引领的政治改革的基本轮廓。据他的描述，在雅典人中，忒修斯是企图推翻氏族组织而建立一种新体制的第一人。在忒修斯以前，居民仍然依据独立部落的原则来组织，每一个部落都有着自己的领土，是自治的团体。为了彼此互相保护而缔结联盟，曾选举巴赛勒斯来指挥他们共同的部队。忒修斯将这些一盘散沙的部落合并成为一个民族，将雅典确立为其政府所在地，使希腊人有了正式的政府组织形式（第259页）。忒修斯还打破氏族关系体系，把民众分为"士族""农民"和"工匠"三个阶级，用严格的规定来维护阶级之间的差异，使第一阶级担任民政和宗教方面的主要官职，承认财产和贵族在管理社会方面的地位，直接反对氏族掌握管理权，使雅典部落从他们远古的祖先那里承袭执政官之职，退让于选举制度（第261页）。

到了梭伦时代，行政管理制度得到了进一步发展。这时，出现了由卸任执政官组成的阿里奥帕古斯院（亚略巴古），掌握审讯罪犯和检察风俗之权。同时，在陆、海军和行政部门还出现了一些新的官职。更重要的是，在这个时期里，雅典人开始设置"舰区"，并将每个部落分为12个舰区，共计48个。一个舰区就是一个包括若干户主的地方分区，陆、海军的兵役即从这些户主身上征调，赋税大概也是从他们身上课取。舰区成为政治社会中乡区的雏形。尽管当时的民众仍然处在氏族社会中，但梭伦强化了人民大会的职权，使之开始对公务产生强有力的影响（第262页）。梭伦按照人民的财产数量将他们分成 4 个等级，把某些权力交给这些阶级，同时也对他们规定了某些义务。这样一来，一部分政权就从氏族、胞族和部落的手中转移到了这些按财产划分的阶级手中了，氏族日益衰弱。由于氏族和代替氏族的阶级都是以人身为基础，梭伦把酋长会议改为元老院时，其成员并不是来自各阶级，而是来自 4 个部落，各部落的名额相等，因此，他的改革没有触及问题的本质。不过，梭伦已把财产观念灌输到政治体制中去了，并且规定自由民对一切文武官职的选举都有投票权，也有权向这些官员提出质问，这使自由民冲破了氏族和部落的界限，成为公民和人民大会的成员，在一定程度上参与了政府活动（第 263—264 页）。此外，梭伦还把人民按照军队的管理方式组织起来，把这支军队分为三种部队：骑兵、重装步兵、轻装步兵，每一种部队各有其大大小小的军官。同时，原来已渗入到新体制中的财产因素，也进一步得到了地域因素的配合。舰区制度成为登记公民的依据，也成为登记财产、兵役和税课的依据。

摩尔根对于地域制度取代氏族制度这一进程，采取了一种乐观的态度。他认为，对于政治社会的确立，划分地域，使之成为政府体系的组成部分，是非常必要的。在氏族社会中，地域制度也存在，但当时的地产受血亲和姻亲关系的制约，无法独立出来。到了梭伦时代，土地和住宅才成为个人私有，所有者有权将土地转让给氏族以外的人。由于个人与土地的关系时常改变，因此，氏族聚居的面貌也得到了改变。取而代之的是乡区制度，这一制度部分地使人们消除了血亲与姻亲关系的约束。随着越来越多的人口定居于城郭之内，随着财富和人口的迅速增长，它最终也给氏族制度带来了最后的考验。（第267—268页）

梭伦改革给雅典公民带来了一个强烈的刺激。然而，这一改革并不彻底。在改革后将近百年的时间里，雅典人经历了多次的纷扰，才在他们的头脑中充分发展起国家观念，并最终从舰区制脱离出来，产生了以乡区为政治制度基本单元的设想。而摩尔根认为，从舰区制向乡区制的转变，所需时间漫长，也不是能自动促成的，它"需要一个天分极高、号召力很大的人物来充分掌握这个设想，而使它体现于组织之中"（第268页）。克莱斯瑟尼斯（克利斯提尼，公元前509年）就是这样一个人，或用摩尔根的话说，是"雅典第一位立法者，人类第二个伟大政治方式的创建人"（同上）。

克莱斯瑟尼斯的改革主要是确立作为地区性组织的乡区制。他的乡区制分三层。第一层包括100个乡区，每一个乡区都立界碑划定范围，各取一个专名。公民必须在乡区注籍，登记他在其所居住之乡区中的财产。户籍和财产登记表，成为公民的公民权的凭证和依据。各乡区的居民组成一个有组织的政治团体，享有地方自治权[1]。第二层由 10 个乡区组成，这 10 个乡区联在一起，形成一个更大的地区，称"乡部"。每一个乡部都以一位阿提卡的英雄命名，相当于近代的县。每一个乡部所包括的乡区通常是毗连的，每一个乡部也成为一个政治团体，享有某些地方自治权。他们选出一位部帅来指挥骑兵，选出一位队帅来指挥步兵，选出一位将军来统辖这两种部队。因为每一个乡部需要提供 5 艘三楼舰，所以他们可能还选出若干名舰长来指挥这些兵舰。克莱斯瑟尼斯将元老院的名额增至 400 人，每一乡部分配 50 个名额，由其居民选举（第 270 页）。地区组织体系的第三层，也就是最高一层，即雅典联邦，或称之为"雅典国家"，它由 10 个乡部组成。这是一个有组织的政治团体，包括了雅典全体公民。代表这个国家的有一个元老院、一个公民大会、一个阿里奥帕古斯院、若干名执政官和法官以及一个由选举产生的陆海军司令官团体。（同上）

在摩尔根看来，克莱斯瑟尼斯改革具有重大的历史意义：由于克莱斯瑟尼斯的立法，氏族、胞族和部落的势力已

---

[1] 摩尔根兴奋地认为，这一政治团体，已如现代美国的市镇那样具有政治意义。由于政府掌握在基层地区组织的人民手中，因此，这个制度基本上是民主的。

被剥夺，它们的权力移交给乡区、乡部和国家了，乡区、乡部和国家从此成为一切政治权力的根源。摩尔根说：

> 雅典人就这样创立了以地域和财产为基础的第二个伟大的政治方式。他们以地域结合的体系代替了由人身结合的迭进体系。作为一种政治方式，它奠基于必须永久固定的地域，奠基于多少有些地域化的财产；它通过地域关系来和它的公民打交道，这些公民现在已经定居在乡区中了。一个人要成为国家的公民，首先必须成为一个乡区的公民。人们都在其所属的乡区中投票、纳税，并且从这里被征去服兵役。同样，人们都从其所属的乡部这个更大的地区单位被选进元老院，被选去指挥一支陆军或海军。个人同氏族或胞族的关系不再支配他作为一个公民所应尽的责任了。这两种制度的对比非常鲜明，正如它们显然有着根本性的差异一样。人民现在已经完全在地域范围内联合成为政治团体了。（第270—271页）

普遍主义论调

阅读《古代社会》，人们难免会发现摩尔根的自相矛盾之处：摩尔根一方面坚信，氏族制度为政治文明奠定了坚实的民主政治基础；另一方面似乎又在不断地重复一个观点，即，氏族制度是政治文明的敌人。摩尔根本人显然也知道这一矛盾，为了解决它，他选择了一种"臆想的历史"来想象氏族制度的积极性与消极性之间的时间顺序。这个"臆想的历史"有一个逻辑论证框架，它由如下几个步骤组成：

1. 世界各地的古代人民都曾经历过氏族制阶段；

2. 这个阶段中，社会治理的方式是民主的，作为一种普遍存在的制度，氏族为后来民主政治的发展奠定了基础；

3. 但氏族制度也有它的历史局限性，它将人们的活动范围局限在血亲与姻亲的范围里，使他们无法成为政治社会的公民；

4. 为了创造超脱血亲和姻亲关系制约的公民社会，

古希腊人创造了进步的地域管理制度、阶级制度和国家观念；

5．国家观念的兴起，使氏族、胞族和部落遭到"摧折"，但没有使之彻底解体，于是，"它们仍保留作为一种血统世系关系、作为宗教生活的源泉，残存了数百年之久"（第271页）；

6．通过残存的氏族制度，人类学家可以恢复政治社会以前的历史，并沿着这条道路，重构人类政治文明发展史的历程。

至此，摩尔根已依据易洛魁人与希腊人的资料，完成了前五个步骤的工作。如果摩尔根采纳的是一种相对主义的文化比较观，那么，他早已会将注意力转向一个问题，即，为什么易洛魁人的氏族社会没有向政治社会演进，而希腊人却跟随着他眼中的"有能力的权威人士"不断进步，最后迈进了政治社会的门槛？然而，尽管他时而表现出对文化差异的关注，但他毕竟是一个普遍主义的进步论者。他在没有实际接触到文化差异问题的情况下，迅速从问题的可能困扰中脱身出来，一下子将我们的注意力引向了第六个步骤——罗列历史上残存的氏族制度痕迹对于他的古史研究的意义。于是，《古代社会》第11、第12、第13章，以分析希腊政治转型史时所用的同一框架，陈述了罗马人中氏族社会向政治社会转变的历史进程。接着，他用了一个简短的章节来"证实"女系先于男系的世系制度演化过程。在第15章里，则摘取了有关世界各民族氏族制度历史残存的资料，表明了他的进化史的普遍主义论调。

据摩尔根的叙述，意大利诸部落（拉丁人、萨贝利人、鄂斯坎人、翁布里人）进入意大利半岛的时候，已由中级野蛮社会进入高级野蛮社会。这些部落是按氏族组织起来的，但在生活技术方面已十分发达。逐步地，他们为了共同防御，结成一个松散的联盟。后来，部落的数目不断增加，人口繁盛，农业和畜牧业发达，并发展至专偶制阶段。其间，部落联盟却仍停留于"一种攻守同盟"状态中。直到最后，与雅典人相似的改革才开始把氏族社会改造成以立法为基础的政治组织，形成了由300个氏族聚集起来的罗马城。罗马城建立后，罗马政府实行一种军事民主制。但与此同时，社会制度的中心出现了一个与军事民主制相抗衡的新因素，那就是罗马元老院。从罗木卢斯（罗穆路斯）时代到塞尔维乌斯·图利乌斯时代的两百年间，出现了一次重大的政治组织转变，使罗马由氏族为基础的社会（Societas）过渡到以地域和财产为基础的国家（Civitas）。在第12章里，摩尔根分析了罗马氏族社会从氏族到库里亚[1]再到部落再到罗马民族（Populus Romanus）的演变过程。

显然，摩尔根所关心的，还是政治社会建立的历史进程。在第13章中，他专门论述了自己对罗马政治社会建立的看法。在他看来，从罗木卢斯时代到图利乌斯时代，罗马分为国人（Populus）和平民（plebeians）两个阶级。两个阶级的最重要差别是后者没有任何政治权利。摩尔根认为平民起源于罗马建城时代无族籍或氏族破落的人，贵族则指氏族元老的后裔。但是，平民与贵族的人为区别，以及氏族参与政治的特权，都使罗马社会难以维系。到了塞尔维乌斯·图利乌斯时代，罗马人终于颁布法律，废除氏族制而创立以地域和财产为基础的政治社会。这项法令导致的主要变革有三：其一，用根据个人财产的多少而确定的阶级来代替氏族；其二，

---

[1] 库里亚（Curia），类似胞族，不同于希腊人的胞族的地方，在于它更像是一个政治组织，内部的氏族相互通婚。库里亚在拉丁部落中是很古老的，但在罗木卢斯发动的立法运动中，库里亚与其他部落一道，成为可通过命令而增减的组织。在起初的3个部落中，每个部落由10个库里亚组成，每个库里亚又由10个氏族组成。其中，腊姆尼部最整齐；所有的库里亚和氏族都是拉丁氏族，这是台伯河两岸起初统一时形成的。而后来形成的部落，梯铁部和卢策瑞部则不同。梯铁部不全部是萨宾人，而卢策瑞部则形成较晚，主要是通过逐渐扩张和征服得来的。这种对库里亚数目的操纵，打破了后来以血缘氏族为基础的政治组织形式，有利于组成以地域、财产为基础的政府。每个库里亚都有一个自己的祭司、祭典、祭神场所，并有聚集各氏族的大会。

以"百人团大会"（comitia centurial）作为新的民众大会来代替氏族制度下的库里亚大会，并将后者的实权转交给前者；其三，设置 4 个市区，每个市区各有划定的边界，各有名称以标志为一个领域，其中的居民需要登记他们的名籍和财产（第 309 页）。也就是说，塞尔维乌斯改革仿效的是梭伦改革的做法。塞尔维乌斯建立的政治制度，虽然人为地制造了公民之中贵族和平民之间永久的仇恨，破坏了野蛮社会的氏族民主，但是它用人类的第二个伟大政治方式替代了从远古以来流行已久的第一个方式——民主的氏族制度，因而，也是进步的。进入第二个政治方式后，人类进入了文明社会。

为了论证政治社会与财产关系之间的密切关系，摩尔根推断希腊、罗马必然存在过"集体所有"的女系社会。他从女性世系更适合古代社会的早期状态的假定出发推断，从女系到男系的转变发生在中级野蛮社会之前。他说，从处于高级野蛮社会的荷马时代的材料中，就发现了女性世系尚未完全消失的证据。希罗多德发现，利契亚人（公元前 440 年）存在女系社会，那里的子女身份都是由母亲的身份确定的。在埃特鲁里亚和克里特人当中也流行着女性世系制度。用接近于巴霍芬的《母权论》的语调，摩尔根说："我们不得不大体认为，使用母方的名字来表明世系的方法乃是社会生活和家族制度都不完善所留下的残迹，当生活趋于正常化以后，这种方法即被取消，而代之以子女姓氏随父亲的风俗习惯，后一种风俗习惯此后通行于希腊。这两种风俗习惯的差异对于古代文明史来说是极其重要的。"（第346页）与希腊人一样，意大利的洛克里亚人的家族也是女性世系。在这里，贵族都出自女系而非出自男系。公职或贵族身份也可以通过传说时代所出现的某些特殊婚姻事件来确认。

《古代社会》第15章的题目是"人类其他部落中的氏族"，这读起来像是他的氏族论述的余绪，也像是他广泛阅读得到的历史印象杂烩。但是，它对于摩尔根"证实"其他部落中的氏族状况及氏族制度发展的普遍性，却有相当重要的意义。摩尔根在这个章节里引用的资料来自世界各地，涉及的所谓"部落"包括：克尔特人（凯尔特人）的氏族、苏格兰人的克兰、爱尔兰人的塞普特、日耳曼人的部落、南北亚细亚部落中的氏族、乌拉尔部落中的氏族、中国的百姓、希伯来的部落、非洲（澳洲）部落中的氏族、斐济人和雷瓦部的两层划分。他所用的材料多数来自其他研究者、旅行者或传教士的著述，只有少数来自诸如泰勒之类的人类学家。使用材料的时候，摩尔根时常望文生义，匆忙地把材料纳入自己的假想史中加以猜测。例如，关于"中国百姓"的氏族制残存，摩尔根说：

> 在中国人当中流行一种特殊的家族制度，这种制

度似乎含有古代某种氏族组织的遗迹。住在广州的罗伯特·哈特先生在给作者的一封信中指出，中国人称民众为百姓（Pih-sing），意指"一百个家族的姓"；但是，这究竟只是字面上的形容呢，还是说，它起源于古代，彼时全中国人是由一百个分族或部落［氏族？］组成的呢？这一点我不能肯定。现在，在这个国度里约有四百个姓，我发现其中某些姓与动物、果实、金属、自然事物等有关，可以译为 Horse（马）、Sheep（羊）、Ox（牛）、Fish（鱼）、Bird（鸟）、Phoenix（凤）、Plum（李）、Flower（花）、Leaf（叶）、Rice（米）、Forest（林）、River（江）、Hill（丘）、Water（水）、Cloud（云）、Gold（金）、Hide（皮）、Bristle（毛），等等。在中国许多地方遇到很大的村庄，全村只有一姓；比方说，在一个地区见到三个村庄，每一个村庄住着两三千人，第一个村庄全姓马，第二个村庄全姓羊，第三个村庄全姓牛……正如北美洲的印第安人夫与妻不属于同一部落［氏族］一样，中国人的夫与妻也总是属于不同的家族，即不同姓。习惯和法律都禁止同姓通婚。子女属于父亲的家族，即承袭父亲的姓氏……若父亲未留遗嘱而死，其家产通常不分，当寡母在世时由其长子掌管。寡母死后，则长子与其兄弟分产，各个兄弟能得多少遗产完全由长兄的意志决定。

上面所描写的家族看来近似于罗木卢斯时代的罗马人的氏族；但它是否与另外一些出自共同祖先的氏族再行组合成胞族，这一点不清楚。而且，这些氏族仍然作为一个血缘团体定居在某一地域，有如罗马氏族在古代分地定居一样；各氏族的名称也还保留着原始的形态。这些氏族由于分化而增至四百，这是可以料想得到的结果；但是，当野蛮阶段早已过去之后，它们竟一直维持到现代，这却是值得惊异的事，同时，这也是他们这个民族十分固定的又一证据。我们还可以料想，在这些村庄中专偶制的家族尚未得到充分的发展，而且，在他们当中也未必没有共产主义的生活方式和共妻现象。在中国的山区里还居住着一些野蛮的土著部落，他们操着与官话不同的方言，在这些部落中还可能发现处于原始形态的氏族。我们自然应当到这些与世隔绝的部落中去探索中国人的古代制度。（第361—362页）

摩尔根解释得太离谱，让中译本译者感到有必要写出注释来澄清事实，他们写道："摩尔根对中国姓氏的解释是欠正确的。中国有史时期的姓氏制度分为两个不同的阶段。战国时代以前，'姓'和'氏'有别。'姓'可能与上古氏族的图腾有关；'氏'应相当于氏族下的家族，其名称与图腾无关。

战国时代以后，'姓'和'氏'的区别消失，即形成流传至今的姓氏，这些姓氏大多沿袭前一阶段的'氏'，所以与氏族的图腾无关。摩尔根根据这一点甚至猜想在这些村庄中'专偶制的家族尚未得到充分的发展'，还可能'有共产主义的生活方式和共妻的现象'，这完全是错误的臆断。"（第376页）

"错误的臆断"，这个词组，不仅能用来形容摩尔根对"中国百姓"的解释，而且对于他援用的其他民族的"史料"而言也十分贴切。然而，没有进一步的民族志资料的发现，身处19世纪的摩尔根似乎只能进一步地推论，而不能停留于个别细节的辨析了。他认为，除雅利安人之外，古代希伯来人、当时的非洲和澳洲都处于氏族状态。根据圣经《民数记》，古代希伯来人在亚伯拉罕、以撒和雅各时代，都处于高级野蛮社会，他们的氏族是原始形态的，广泛存在着娶自己异父姊妹或竟至娶姑母的婚姻。自摩西立法以来，希伯来人的社会组织便转向男系，建立了各级组织。在非洲，分布着更多的母系或父系的氏族，而存在食人俗的澳洲，社会进化程度则最低，那里自然广泛分布着氏族社会。摩尔根得出如下结论：

> 我们已经引证了足够多、足够有说服力的事实以断言氏族组织在人类的古代是普遍存在的，并断言这种组织广泛流行于整个蒙昧阶段晚期和整个野蛮阶段。（第372页）

性关系的"乱"到"治"

从《古代社会》文字的间隙里，时常能发现摩尔根诚实表达的困惑。在断言氏族制度曾普遍存在于整个人类的原始社会之后，摩尔根紧接着提出了一个颇有意思的问题：

> 究竟氏族是在一定的社会条件下自发产生的，因而在不相毗连的地区里它本身不断出现呢，还是它只有一个单独的来源，从这个来源中心通过人类不断的迁徙而传播于全球呢？（第372页）

依据语文学的资料，摩尔根倾向于认为，世界各地的文化都源于亚洲，不同的地区之所以都有氏族，是因为它们与亚洲这个祖先之地有继承关系，而各地的氏族之所以不尽相同，是因为各氏族从亚洲迁出的时间不同。有心的读者能轻易地从摩尔根的人类同源论、迁徙说和进化论之间发现内在的逻辑矛盾：既然氏族是婚姻演化到一定阶段的必然产物，那么，循单线进化之路的婚姻形态史又为何需要在氏族迁徙的历史中寻找根据？

摩尔根等不及回答这一问题，已经又将自己的注意力转向了他许诺要阐述的人类家族制度的演变史了。之所以如此急切地进入古代家族制度的研究，是因为经过"臆想的历史"梳理，这些制度形态的更替似乎能从一个重要的侧面佐证他的氏族社会向政治社会的进化史。对于熟悉中国民族学的读者来说，摩尔根提出的闻名于世的五种家族形态理论不难记忆，它们相继是：

1. 血婚制家族（consanguine family）

2. 伙婚制家族（punaluan family）

3. 偶婚制家族（syndyasmian family）

4. 父权制家族（patriarchal family）

5. 专偶制家族（monogamian family）

摩尔根承认，五种形态之间的界限并非如他想象的那样分明，一个具体的社会，往往处于前一种形态渐趋没落，后一种形态尚未形成的过渡状态。然而，他也相信，重要的是，这五种形态顺序相承，形成一个社会发展不可逆转的规律。其中，第三、第四种是介乎中间的家族形态，它们对于人类生活的影响不足以建立新的亲属制度。其余三种则形成了三种伟大的亲属制度，它们分别为对应血婚制的马来亚式亲属制、对应伙婚制的土兰尼亚式（Turanian）亲属制、对应专偶制的雅利安式亲属制。"……这三种亲属制是以婚姻形态为基础的；每一种亲属制度都力求尽事实所可能知道的情况来表达与之相应的婚姻形态下人与人之间的实际亲属关系。所以我们看到，这些亲属制度并不基于天然关系，而基于婚姻；并不基于虚想，而基于事实；每一种亲属制在其使用（存在）期间都是既合乎逻辑也合乎实况的制度。"（第391页）

第一种婚姻形态中，血婚制对应着马来亚式亲属制度，摩尔根推测它可能在夏威夷存在过，也"在古代曾普遍流行于亚洲"（第384页），"是由嫡亲的和旁系的兄弟姊妹集体相互婚配而建立的"（第382页）。从摩尔根时代到今天，没有民族志的经验事实能证明血婚形态的存在。于是，当年的摩尔根也只有通过推测才能查到血婚的蛛丝马迹。他进行推测的"依据"，就是马来亚式亲属制度。这种亲属称谓制度以波利尼西亚诸部落（称为夏威夷式和洛特马式）为典型，其语言只分辨代际差别和性别差别，对其余的类别，甚至连婚姻都无从识别。马来亚类别式亲属制度，被摩尔根视为原始血婚的明证。在摩尔根看来，血婚制的成分仍然可以在当时的夏威夷找到。这一点有许多传教士的记录可资证明。这种社会在逻辑上应推断为一种原始杂交的状况，而杂交的游牧群为了生存起见，必然会分裂成更小的团体，成为血婚家族产生的动力。所以，在五种婚姻形态之前，还应存在一种"原始杂交"的状态。摩尔根暗示，血婚之所以能够改变成伙婚，是发现了同胞兄妹的通婚有遗传弊害，这是人类普遍经验发现的规律。所以，可想而知，雅利安人也曾处在血婚状态，"后来由于氏族组织的建立而修改成土兰尼亚制，然后，在专偶制家族出现时消失而出现了雅利安式亲属制"（第409页）。取代血婚制的，是第二种婚姻制度，即伙婚制。与它对应的亲属制度是土兰尼亚式，或者加诺万尼亚式（Ganowania），这种亲属称谓制度广泛分布于美洲、非洲、印度和澳大利亚。"这是由若干嫡亲的和旁系的姊妹集体地同彼此的丈夫婚配而建立的；同伙的丈夫们彼此不一定是亲属。它也可以由若干嫡亲的和旁亲的兄弟集体地同彼此的妻子婚配而建立；这些妻子们彼此不一定是亲属。不过，在上述两种情况下，往往对方彼此也都是亲属。无论哪一种情况，都是一群男子伙同与一群女子婚配。"（第382页）土兰尼亚式亲属制之所以产生，必须归功于氏族组织的形成与伙婚制，此二者是产生该制度的动力。正是氏族的兴起，才遏制住了血族间的通婚。

与伙婚制一起出现的，是随之产生的伙婚制家族、氏族组织和土兰尼亚式亲属制。伙婚制家族，指的是一群兄弟共有各自的妻子或一群姐妹共有各自的丈夫。在夏威夷，兄弟的妻子间互称"普那路亚"（punalua），意为"亲爱的朋友"或"亲密的伙伴"。摩尔根认为，这就是伙婚制的例子。为了把土兰尼亚族系和加诺万尼亚族系与伙婚制联系在一起，摩尔根声明，亲属制度反映的是历史上存在过的婚姻习俗，他说："关于伙婚习俗，还有一点值得重视的是，土兰尼亚族系和加诺万尼亚族系的祖先当其亲属制形成的时候，必然要普遍流行这种习俗。理由很简单而又确切无疑。伙婚群的婚姻情况解释了这种亲属制中的亲属关系。可以推定，这些关系在这种制度形成时是实际存在的。因此，在这种亲属制存在之先，就必须流行伙婚与伙婚制家族。"（第 428 页）此外，他追溯了另一些实例，认为恺撒描述的古代不列登人、希罗多德笔下的马萨吉泰人和当时的委内瑞拉土著，可能都存在过伙婚制。[1]

---

[1] 这些记述的情节十分简要，也有明显的曲解。例如，摩尔根在列举一个未被点名的美洲印第安民族的时候说："一个男子在与某家的长女结婚后，根据习惯，她所有的姊妹在到达结婚年龄之时，他都有权娶以为妻……虽然多妻被普遍认为是男子之特权，但因一个人很难维持几个家庭，所以这是很少见诸实行的权利……我们在这种风俗中可发现流行于其远祖中的伙婚习俗的痕迹。"（第 430 页）看上去，这个习俗更像是在展现集团间的通婚规则。但如果想推导出"伙婚的痕迹"，中间需要做的论证实在太多了，前面的只言片语与后面的结论之间的逻辑关系明显十分脆弱。

偶婚制家族是"由一对配偶结婚而建立的，但不专限与固定的配偶同居。婚姻关系只有在双方愿意的期间才维持有效"（第382页）。而父权制家族是"由一个男子与若干妻子结婚而建立的；通常由此产生将妻子幽禁于闺房的风俗"（第382页）。专偶制家族是"由一对配偶结婚而建立的，专限与固定的配偶同居"（同上）。偶婚制家族起源于氏族，而专偶制家族起源于财产。摩尔根把偶婚制到父权制再到专偶制家族的演进，看成一个连续的过程。他认为，这一过程在希腊和罗马的社会中表现得较为明显，其趋势是父权及子女地位的不断提高。在高级野蛮社会晚期，随着同居制度逐渐遭到道德的谴责而最终确立了专偶制。偶婚制和父权制家族都未能产生任何亲属制度，而专偶制则产生了雅利安式亲属制度。摩尔根认为："（专偶制家族）注定了仍将进一步改善，直到两性平等获得公认，婚姻关系的公平合理得到充分认识时为止。"（第387页）

在第三编的第5章中，摩尔根批驳了原始社会是以父权制家族为典型的思想，认为这种思想犯了两个错误：其一，错误地把罗马建城前后的历史当成原始社会状态，未能考察其他未开化民族；其二，把氏族简单归结为专偶家族的结合。配合他的氏族社会论，他提出，专偶制家族一定是在晚近才出现的。在他看来，塔西佗时代的日耳曼人与荷马时代的希腊人均处于专偶制的低级阶段。囚禁妇女以防范她们失去贞操，是这个阶段的共识，而当时男子没有忠于妻子的义务。在希腊，结婚的主要目的就是在合法婚姻之下生儿育女；而对妇女施行隔离就是为了保证这一结果。"这两点是密切相关的，并且反映出它们所产生的先前的情况。"（第479页）在罗马的家族中，妇女的处境稍好一点，但是仍处于从属地位。她享有一定的自由，但仍处于丈夫的管制之下，如有私通，可以被处死。罗马人具有三种婚姻形式，三种形式都同样把妻子置于丈夫的控制之下，并且把生儿育女当成结婚的首要目的。另一方面，希腊和罗马城市在文明的鼎盛时期流行过淫荡之风，这种风俗很可能是野蛮时代风俗的遗存。正反两方面都说明了："这两个民族都还没有意识到专偶制的完整原则。"（第481页）

从对五种家族形态时间序列的分析中，摩尔根得出了一个"与家族相关的制度的顺序"，并在第三编的最后一章里给出了清晰的列表（第505—506页）：

系列的第一阶段

一、男女杂交。

二、亲、从兄弟姊妹的集体相互通婚：由此产生——

三、血婚制家族（家族的第一阶段）：由此产生——

四、马来亚式亲属制。

系列的第二阶段

五、以性为基础的组织和伙婚习俗，倾向于组织兄弟姊妹之间的通婚：由此产生——

六、伙婚制家族（家族的第二阶段）：由此产生——

七、氏族组织，它将兄弟姊妹排除于婚姻关系之外：由此产生——

八、土兰尼亚式和加诺万尼亚式亲属制。

系列的第三阶段

九、增进氏族组织的影响，改善生活的技术，使一部分人类进入低级野蛮社会：由此产生——

十、一男一女的婚姻，但无独占的同居：由此产生——

十一、偶婚制家族（家族的第三阶段）。

系列的第四阶段

十二、在有限范围内的平原地区从事游牧：由此产生——

十三、父权制家族（家族的第四阶段，但这是一个特殊的阶段）。

系列的第五阶段

十四、财产的产生和财产的支系继承法的建立：由此产生——

十五、专偶制家族（家族的第五阶段）：由此产生——

十六、雅利安式、闪族式和乌拉尔式亲属制：引起土兰尼亚式亲属制的消亡。[1]

---

[1] 在该章的附录部分，摩尔根撰文与另一位进化论巨擘麦克伦南展开了论辩。麦克伦南在《原始婚姻》（1876）一书中，用一章的篇幅批驳摩尔根的《人类家庭的血亲与姻亲制度》。麦克伦南说他的理论"不科学"，否认了他提出的亲属制表格。摩尔根反驳的主要观点是：一、《原始婚姻》中所使用的主要术语（如外婚制、内婚制）与理论在民族学上没有价值。书中未能把氏族与部落或由它们所代表的群体视为一系列有机的组织的不同单位，而把它们区别开来，从而无法使人知道"外婚制"和"内婚制"究竟系指哪种群体而言。事实上，"内婚制"几乎不适用于《原始婚姻》所讨论的社会情况，而"外婚制"指的是一个氏族即一种组织的规则或规律，这种组织就是一种社会制度的单位。二、关于类别式亲属制的起源的假说，并未说明它的起源。麦克伦南认为，摩尔根使用的亲属制，无非是"称谓款式"，是与婚姻制度同时存在的；而摩尔根指出，这样就无从解释它的起源了，并坚持认为自己面对的现象是有长久历史的亲属制。三、对于摩尔根自己的《人类家族的亲属制度》提出的假说之反驳没有力量。

财产观念

从《古代社会》的第一编看到第三编，我们逐步理解了摩尔根这部书的基本观点。跟随他书写的文字留下的足迹，我们走过了新旧两个分离的大陆，发觉这两个相互漂离的大陆之间，为一位美国人类学家提供了如此巨大的想象空间。深入这个想象的空间，我们发现文化之间的一致性与多样性并存于一个文本里，而企图对这个现存的文本进行阅读和再创造的摩尔根，更强烈地感受着人类一致性的魅力。习惯把问题复杂化的学究们，可能宁愿把摩尔根铺陈出来的论点一一归还给事实和事实之间的矛盾；而只是轻轻地掠过他的想象空间的我们，却看到两个简单的类别：氏族与政治。

摩尔根用他的丰富想象力和臆断力，将分离于不同时空之间的因素统一在一个框架里，在这个理论的氛围内，倒进了形形色色资料的源泉。一时，各色各样的社会群体、种族、制度、生活习俗、人生礼仪、思想观念，汇聚起来，凝结在一个话题周围，这个话题，便是从氏族社会如何通往政治社会，并因此使人类获得了文明。在这个主题面前，摩尔根一生中搜集的最详尽的关于易洛魁人和人类家庭的血亲与姻亲制度的资料，骤然成了附属品。人类学家承认摩尔根，更多的是因为他的《易洛魁联盟》，他的《人类家庭的血亲与姻亲制度》，而很少是因为他的《古代社会》。而在《古代社会》里，摩尔根表达的理想，却远远地离开了他的专业，而进入了希腊、罗马、西亚、中国。他想将自己的民族志研究之所得，与更宏大的历史叙事联系起来，并最终使之服务于这一历史叙事。不止如此，在摩尔根的笔下，被政治经济学家赋予理论最高地位的"产权问题"，至此也只能列居于政治文明化进程的历史叙事之下，成为这个文本的"脚注"（尽管这个"脚注"也十分重要）。

到《古代社会》的最后两章，摩尔根才进入了财产观念的历史领域。该书的第四编，题目为"财产观念的发展"，只包括不长的两章，而这两章共用"三种继承法"这个题目，只不过在第2章时注出"续前"两字。对摩尔根来说，财产观念在人类的心灵中是慢慢形成的。这种观念在漫长的岁月中一直处于薄弱状态，并非与人同来于世上。萌芽于蒙昧阶段的财产观念，需要这个阶段和野蛮阶段的一切经验来助长它，使人类的头脑有所准备，以便接受这种观念的操纵。但是到最后，对财产的欲望超乎其他一切欲望之上，文明将自身的创造归功于这种特殊欲望，财产观念为人类克服阻止文明发展的种种障碍从而创建政治社会铺平了道路。

摩尔根认为，财产的发展是与社会制度有密切联系的。他说：

> 对财产的最早观念是与获得生存资料紧密相联的，生存资料是基本的需要。在每一个顺序相承的文化阶段中，人所掌握的物品将随着生活方式所依靠的技术的增加而增加。因此，财产的发展当与发明和发现的进步并驾齐驱。每一个文化阶段都显得较其前一阶段大有进步，不仅在发明的数量上如此，在由发明而产生的财产的种类和数量方面也是如此。财产种类的增加，必然促进有关它的所有权和继承权的某些规则的发展。这些占有财产和继承财产的法则所依据的习惯，是由社会组织的状况和进步确定和限制的。由此可见，财产的发展，与发明和发现的增加，与标志着人类进步的几个文化阶段的社会制度的进步，有着密切的关系。（第533页）

在蒙昧社会中，物质水平是极其低下的，人拥有的财产微不足道，他们对于财产的价值、欲望、继承等方面的观念很淡薄。但是，"在氏族制度建立以后，就出现了第一条继承大法，它规定把死者的所有物分给其氏族的成员。实际上，它们为其近亲占有；但是，财产应留给死者的氏族，并分配给其成员，这条规则是普遍的"（第535页）。从陶器的发明开始，人类进入了低级野蛮社会。玉蜀黍的栽培，有利于引入一种新的财产，即耕地和园圃。它被视为个人或集体的，所以是可继承的。此时，丈夫和妻子的财产和所有物都分得清清楚楚，死后则分给各自所属之氏族。到了中级野蛮社会，东半球的动物饲养和西半球的村居出现了，随之，"个人的财产已有大幅度的增加，人与土地的关系也发生了一些变化。土地的所有权依旧为部落所共有；但是一部分土地已被划分开来，作为维持政府之用，另一部分用来支持宗教的展开，而更重要的一部分，人们借以为生的那一部分则由几个氏族或由居住于同一村落的公众集体所瓜分……"（第541页）这样的继承方式，便成为人类历史上的"第二种继承大法"——在同宗亲属中分配财产。

然而，相比第三种继承法，第二种继承大法的革命性并没有那么大。到了高级野蛮时代，铁器大大地改变了人类的生活，巨额个人财产随处可见。"在野蛮阶段晚期之末，土地所有法发生了巨大的变化。它逐渐倾向于两种所有形式，即国家所有和个人所有。"（第548页）在希腊，土地起初是归氏族所有的，后来个人不断侵占氏族土地，直至只有荒地才归氏族共有。世系虽已变为男系，但一切动产和不动产仍像自古以来的情况一样，仅在氏族内继承。在《伊利亚特》中，记载有环绕农田的"栅栏"，所以"没有理由怀疑在当时土地是围以栅栏，经过测量，并且归个人所有的"（第549页）。随着财产的进一步增加，家畜成了价值超过一切的财产。随之而来的便是有组织的耕作，它有利于家族与土地结成一体，使之成为生产财产的组织。土地的财产地位突显之后，第三种继承大法——把财产给予已故所有者的子女——就必将进而取代同宗继承法。希伯来、希腊和罗马的继承法历程似乎完全相同，都规定了子女继承父亲遗产的原则。摩西立法规定，继承严格地在同胞内进行。整个原则与罗马十二铜表法（公元前449年）相同，继承等级依次为：子女、同宗、氏族成员。儿子有供养女儿的义务。当没有儿子时，则由女儿继承，这时女儿有义务嫁给本氏族的成员，以保障财产不至于流失。这是一种遗产归宗法。梭伦立法与希伯来基本相同，继承了财产的承宗女也有义务嫁给最近的亲属。这也是遗产归宗法。罗马十二铜表法更是一种遗产归宗法，除一般原则与前两种无甚区别外，它还规定死者之妻与子女平等地享有继承权。财产的积累和遗产的继承，与职位的专断一起，导致了贵族的出现。"它很快就引入了不平等的特权，引入了本民族内不同个人的不同身份，从而破坏了社会的平衡，终至成为不团结与斗争的根源。"（第555页）

至此，摩尔根完成了他的古代社会研究。他的这部涉猎地球上大多数文化的概览性著作，是触及了人类的智力、政治观念、家庭观念和财产观念的发展的通史。在这个通史中，摩尔根为我们提供了一个既带欧洲中心主义又时露文化反思良知的结论：

一部分人类早在大约五千年前就已进入文明社会，这必须被视为一个奇迹。严格地说，只有闪族和雅利安族这两支是未假外力独立地达到文明社会的。雅利安人代表人类进步的主流，因为它产生了人类的最高类型，因为它通过逐渐地控制地球而证明了它内在的优越性。但是，文明社会仍然必须被视为是环境的偶然产物。它的产生有时是必然的；但是文明社会竟能在它实际完成的那个时候取得成就，仍然是一个特别的现象。阻碍蒙昧社会的人类向前发展的障碍极大，要克服它是困难的。在进入中级野蛮社会之后，文明社会能否到来尚在未定之天，当时野蛮人则正在通过试验自然金属探索掌握冶炼铁矿术的途径。直到人类掌握了铁及其使用的知识后，文明社会才有可能到来。如果人类迄今仍未突破这一障碍，我们并没有正当理由对此表示惊讶。当我们认识了人类在地球上的存在之长久，人类在蒙昧社会和野蛮社会所经过的沧桑变化，以及人类必须取得的进步之时，我们也许会觉得文明社会如果再推迟几千年才出现，而不是像上帝的安排那样出现于它实际出现的时刻，也是很自然的事情。因此，我们不得不得出如下的结论，即：文明社会之所以能完成于它实际完成之时，乃是一系列偶然事件的结果。这也可以提醒我们：我们今天极为安全和幸福的条件，乃是我们的野蛮的祖先和更远的蒙昧祖先经过斗争、遭受苦难、英勇奋斗和坚持努力的结果。他们的劳动、他们的试验、他们的成功，都是上帝为从蒙昧人发展到野蛮人、从野蛮人发展到文明人而制订的计划中的一个组成部分。（第557—558页）

"长屋"的象征

在《古代社会》发表四年后，摩尔根发表了《美洲土著的房屋与家庭生活》一书。这本书实际上是《古代社会》原稿的第五编，标题是《房屋建筑观念的发展》，它原来没有单独出版的计划，大部分内容曾以论文形式发表。该书依据的资料很广泛，但所受启发来自1878年摩尔根在科罗拉多州西南部和新墨西哥州北部的短暂旅行。在那些地方，摩尔根考察了相关考古遗址，访问了塔阿斯（Tcos）印第安人居住的村庄。这使他从建筑形态的角度寻找到了他在《古代社会》中企图论证的"发展阶段"的证据。在该书的前言，摩尔根自信地说：

> 印第安人建筑的一切形式都源于同一个思想，它表明相类似的需要所产生的相同概念具有不同的发展阶段。他们的建筑形式还相当完整地代表了印第安人生活的几种形态。从易洛魁人的长屋到新墨西哥、尤卡坦、恰帕斯和危地马拉土坯或石头建成的群居大房屋，形成了一

套房屋建筑体系，诸部落进步程度不同，其房屋形式自然也就多种多样。[1]

《美洲土著的房屋与家庭生活》一书重申了摩尔根对于原始社会的看法，他认为原始社会中的人类，为了面对难以控制的自然力量，必须依靠氏族来生存，因而无论是在家庭生活方面，还是在财产权方面，都具有"共产主义"的浓厚因素。"家庭在各个发展阶段是个很软弱的组织，其力量不足以单独对付生活斗争，因此几个家庭组成大家户以求得庇护。"[2]为了实现共同生活，原始人形成好客的习俗，他们过着共产主义生活，实行土地公有制。在摩尔根看来，能典范地体现原始社会中的这种共同生活特征的，还是易洛魁人的案例。历史上（17世纪以前）的易洛魁人居住在一种叫作"长屋"的房子里。"长屋"用树干做框架，上面覆盖树皮，长约30英尺至100英尺，有一条过道穿堂而过，其两端各有一道门，房屋内部大约每隔7英尺就用墙隔开，分隔成一些隔间。这样的房屋容纳了5个到20个家庭，每个家庭居住在

---

[1] 摩尔根，《美洲土著的房屋与家庭生活》，李培茉、陈观胜译，北京：中国社会科学出版社，1985，第1页。

[2] 同上书，第2页。

一个隔间里，相互之间的关系是以氏族来定义的。居住在房屋里的家庭，属于母系氏族的组成部分，食物共同储存、共同所有，实行平均分配。

受"长屋"为代表的"氏族共产主义"长期熏陶的易洛魁人，因共同储存粮食和实行公有制，从而形成了对待外人的好客之心。摩尔根在访问塞内卡人时注意到了这个习俗。据他说，塞内卡人有一个很富裕的首领，他拥有田地和家畜，过着舒适的生活。妻子亡故后，女儿担负起管家的责任。她受过"文明生活习俗教育"，但父亲重视古老的习俗，要求她随时准备好食物以便招待客人。对来访者奉献食物，被这个家庭认为是神圣不可侵犯的习俗。[1]在易洛魁人当中，这种好客的习俗十分普遍。摩尔根说："如果有一个人走进任何一个印第安人村落的一所房屋，不论这个人是同村的，还是本部落的，或是外来的陌生人，这屋里的妇女都要把食物送到他面前，这是她们的责任。假如不这么做，那就是失礼，等于侮辱来客。"[2]欧洲人开始出现在印第安人中时，也受到同样的礼遇。

〔1〕 摩尔根，《美洲土著的房屋与家庭生活》，李培茱、陈观胜译，北京：中国社会科学出版社，1985，第46页。
〔2〕 同上书，第45页。

《美洲土著的房屋与家庭生活》是《古代社会》的补编，也是摩尔根对"政治文明"兴起之前的"古代社会"的再度诠释。在结束这本书的讨论时，摩尔根仍然是在展望，他认为对美洲印第安人土著的房屋的研究，说明了重建这个广大区域的历史，是人类学家刻不容缓的使命，而他已为人类学家重建历史提供了一个素描式的框架，这就是政治文明的前身氏族社会的总体面貌。回到"长屋"的意义，摩尔根说："好客的风俗和共产主义生活，这两个原则是理解这种建筑的关键。这两个原则似乎令人满意地说明了建筑的特点与印第安人的制度是完全协调的……"[1]具体地说，共产主义生活方式与好客习俗是相辅相成的，前者为后者提供了制度基础，后者则从习俗的角度维持社会的经济平衡，结合起来构成了"野蛮社会"的一般特征。

---

〔1〕 摩尔根，《美洲土著的房屋与家庭生活》，第305页。

迷惑人的摩尔根

用现代人类学的标准来衡量摩尔根，我们首先容易得出一个结论：这位早期的美国人类学家所做的研究，很难满足他企图提出的宏大理论对大量资料的需求。接着，我们还很容易从摩尔根的生涯看出若干矛盾。摩尔根生命中的部分光阴，的确是花在对美洲土著民族文化的研究之上的。然而，一如伊丽莎白·图克（Elisabeth Tooker）指出的，当我们赞扬摩尔根对田野工作的开创性尝试时，也不应忘记，他与这些民族的交往时间，比起现代人类学所要求的只能算是短暂的。摩尔根1818年出生时，尤卡加人已经迁离他的家乡。他确实与易洛魁人的酋长有密切的交往，但他却没有在这个部落中度过很多时光。为了撰写《易洛魁联盟》，他在这个部落中广泛搜集资料，可是这些资料主要来自6次旅行，每次只有一两个星期。我在前文谈到，摩尔根曾为印第安人争取保留地，这是确实的，但需要指出的是，他参与这项工作的时间也十分短暂。1846年，他即已停止这项工作，而争取保留地的斗争一直持续到1857

年。[1]此外，摩尔根从民族志研究进入语文学研究，接着展开他的"臆想的历史"的探索。在今人看来，跨越这么多领域的摩尔根，令他自己的宏大的计划产出了一项不可接受的结果，特别是他那跳跃于欧洲古代史与美洲土著文化之间的思路，时常令人感到难以捉摸。

我接受图克的如下评价：

> 摩尔根具有这样的智慧，他认识到构成印第安人生活方式的计划不是所有西方人的经验引导人们去猜测的那种东西。摩尔根具有这样的颖悟，他为了当时讨论的某些结论而从事田野工作时，从自己收集到的某些民族志材料中认识到可能存在的关键意义。摩尔根还具有这样的勇气，他为了验证自己的观点而进行了广泛的田野比较工作。[2]

我写这本书的意图并非是要评说摩尔根的是非，重点在于，重读摩尔根的著述，使我看到这份珍贵的学术遗产里蕴

---

〔1〕 伊丽莎白·图克，《路易斯·亨利·摩尔根及其同时代学者》，方素梅译，《民族译丛》，1993。

〔2〕 同上书。

藏着好几种可能性。尽管中国学界向来了解摩尔根与马克思之间的差异，但我们却大抵相信摩尔根是一个唯物主义者。重新"解读"《古代社会》，我看到一个不同于我们一般印象中的摩尔根。摩尔根并不像遭马克思批判的庸俗唯物主义那么简单。在他的论著里，我们看到摩尔根在探索的是从环境到实践活动、从实践活动到组织和规范（制度）的历史，他运用的解释体系严格地遵循着一个自然主义的文化观，他企图阐述的历史"体现了遵循着自然逻辑（适应性益处）的文化是怎样一步步地积淀下来的"[1]。在摩尔根的眼中，从自然过渡到文化，有点像是从口传形式向文字形式的转换[2]，因而，语言对他来说，不过是一种认知的表达。然而，令人时感兴奋的是，摩尔根在称谓与实践之间所做的对应性联想，又从饶有兴味的角度，承认了符号体系具有的超越物质和实践的意义。

如同我们在"重访"他的易洛魁人"长屋"时意识到的，对于先于政治社会存在的氏族社会，摩尔根经由不断重申，给人造成一个印象：他始终保持着对"氏族共产主义"的向

---

〔1〕 马歇尔·萨林斯，《文化与实践理性》，赵丙祥译，张宏明校，上海：上海人民出版社，2002，第77页。

〔2〕 同上书，第81页。

往之心。然而，摩尔根在《古代社会》一书中所运用的进步史的框架，又给我们一个相反的结论，那就是说，在他的眼中，以希腊、罗马为代表的政治社会是人类史上的最重大的发明创造；政治社会替代氏族社会不仅是人类文化进化的必然，而且因为是这样，所以也是值得歌颂的。这一矛盾心态源于摩尔根人文价值观的某种自相矛盾。不应忘记，一如前文说到的，摩尔根既是一个民族中心主义者，又是一位对欧洲中心论的文化观有深刻反思能力的人。他把闪族和雅利安族五千年前进入文明社会的历程看成是"一个奇迹"，并以带有种族主义的腔调说："雅利安人代表人类进步的主流，因为它产生了人类的最高类型，因为它通过逐渐地控制地球而证明了它内在的优越性。"接着这句话，他又反驳自己说，"文明社会仍然必须被视为是环境的偶然产物"，它"乃是我们的野蛮的祖先和更远的蒙昧祖先经过斗争、遭受苦难、英勇奋斗和坚持努力的结果"（第 557–558 页）。

政治社会到底是欧洲人特殊智慧的特殊优越性推动产生的，还是人类学家在欧洲以外的地区看到的"原始人"经过斗争积累起来的经验的总结？在回答这个问题时，今日的人类学家都十分谨慎。然而，生活于 19 世纪的摩尔根不能看到这里隐含的人文价值的难题，他用接近于基督教神学的语调说，将人的原始祖先与先进的欧洲文化联系在一起的，"是上帝为从蒙昧人发展到野蛮人、从野蛮人发展到文明人而制订的计划中的一个组成部分"（第558页）。摩尔根有时强调技术进步推进文化进步，有时强调所有的进步来自上帝的安排。这使他在兼备欧洲中心主义与"他者中心主义"性格的同时，也兼备了唯物主义与唯心主义的双重性格。除了迷惑人的那些方面以外，摩尔根对经验事实的把握和他所做的宏大理论诠释之间存在的鸿沟，也留下了很多遗憾。[1]随着考古学与民族志资料的大量发现，摩尔根给人类文化史做出的框架性设想已被证明充满太多的问题。除此之外，在一些特别值得注意的方面，摩尔根为了搭建他的理论框架而舍弃了观察本身蕴含着的某些重大学术发现。举一个例子说，摩尔根可能是第一个发现"好客习俗"的田野人类学家。在他的论著中，他对这种广泛流行于"野蛮社会"的习俗做了精当而丰富的描述。可是，为了将这种习俗当成是"氏族共产主义"的组成部分来研究，摩尔根舍弃了对它的内在意义的解释，而只是强调"大家户公共储备的食物，可能还有村社公共储备的食物，维持了村里的好客之风，这是这种习俗之所以存在的必不可少的条件"[2]。数十年后，法国人类学家莫斯围绕着同

---

〔1〕 怀特，《摩尔根生平与〈古代社会〉》。

〔2〕 摩尔根，《美洲土著的房屋与家庭生活》，第62页。

一事实写出了《礼物》一书，呈现给我们一种对"好客习俗"的精彩解释。对于摩尔根来说，这种习俗已与"氏族共产主义"一道成为远古文化的丰碑；而莫斯则将之与作为现代社会存在基础的社会的神圣性联系在一起，指出这是人的"总体呈赠"的内在组成部分，内在于人的存在中。对于所谓的"总体呈赠"的意义，莫斯说，通过对它的研究，"我们便能够审视、估量、权衡各种审美的、道德的、宗教的和经济的动机以及各种物质的和人口的因素。正是这些动机与因素的整体，奠定了社会的基础，建构了共同生活"[1]。经莫斯的阐述，"好客的习俗"终于与"社会"这个概念密切结合起来，使之具有了空前的丰富性。

摩尔根的观察本来是包容着一系列不同的可能性的。但是，摩尔根在造就一个人类学时代的同时，也为时代所造就。流行于欧美知识分子中的"存在链条"的观念，让他在看到不同的存在方式时以为发现了这一链条的某一环节。"好客习俗"与"氏族共产主义"正是这么一个环节。倘若摩尔根没有那么武断地将之与"远古史"联系起来，或许他便早已发现了七十年后才流行起来的结构人类学。摩尔根用比较研究确立了一个论断，即，亲属称谓反映着实际生活中的婚姻制

---

[1] 马赛尔·莫斯，《礼物》，第 210 页。

度。到20世纪60年代，结构人类学家列维－斯特劳斯才将这个论断推向科学论证的方向上，将亲属制度拓深为一种具有普遍解释力的交换理论。[1]承认受到摩尔根启发的列维－斯特劳斯，将他的巨著《亲属制度的基本结构》一书献给了早已去世的摩尔根，从又一个饶有兴味的角度，再次证实了摩尔根论著中潜在的可能性与摩尔根模式的单一化导致的遗憾：那个时代的摩尔根，因受时代的限制，而不可能有充分的想象力来使自己脱身于"存在链条"的制约之外，像从这个链条中解放出来的莫斯和列维－斯特劳斯那样，在文化差异的比较中见证人共同存在的基础。

---

〔1〕 Levi-Strauss, *The Elementary Struchures of Kinship*, 1969.

《古代社会》之后

　　一个作者的作品出版了，就意味着作者"死了"，他再也不能知道读者能从他的著述中延伸出来的、有时甚至与他的原意相反的理解。《古代社会》出版后，摩尔根在美国学术界曾保持某种支配地位长达几十年。据怀特的介绍，当时美国对《古代社会》的评论是大加赞扬的，《纽约时报》发表过两篇长篇评论，称之为"长期以来对美国科学所作的最重要的贡献"[1]。然而，在英国人类学界，对摩尔根的批评和讥讽却没有停止过。有人说他是"轻率的"，有人说他"在希腊字和拼写方面不断出错"，有人抱怨他"缺乏科学精神"。著名人类学家泰勒认为，摩尔根"所建造的理论大厦，比它的事实基础所能承担的要大要重"[2]。除了评价方面的是是非非之外，摩尔根这个名字与它带着的各种可能性，被它们的"解读者"延伸出了一种具有时代特点的世界性的"两

---

〔1〕　怀特，《摩尔根生平与〈古代社会〉》，第8页。
〔2〕　同上书。

条路线斗争"。

怀特提到摩尔根的"阶级品性"时，说到"摩尔根是所谓的资产阶级革命的产儿"，并说"他完全了解这个革命，并赞美它的成就"[1]。关于摩尔根的这一"阶级品性"，怀特还说：

> 表面上看来，摩尔根的生活中，实际并没有什么东西会使他与革命的社会主义工人运动相契合。他生长在美国一个普普通通、但比较富裕的社会阶层中，他从当时一所第一流大学毕业，并成为一名律师。在罗彻斯特，他住在富裕而社会地位很高的地区，并和该城的"上等人士"交往，他到长老会教堂做礼拜（虽然他从未接受耶稣作为他的救世主），偶尔还协助做一些教会的行政事务。他是共和党党员，历任两届州议员。他做过密歇根州的矿业和铁路商人的律师，在这些企业里投过资，是个资产不多的小资本家，在19世纪70年代积蓄了一笔不大不小的财产。

一如怀特所言，作为这样一个人，摩尔根"对严酷的阶

---

[1] 怀特，《摩尔根生平与〈古代社会〉》，第9页。

级斗争没有认识，从未清楚理解社会主义工人阶级革命的概念"。然而，这一事实并没有阻止摩尔根成为革命的马克思主义的推崇对象。恩格斯曾说，"摩尔根在美国，以他自己的方式，重新发现了四十年前马克思所发现的唯物主义历史观，并且以此为指导，在把野蛮时代和文明时代加以对比的时候，在主要点上得出了与马克思相同的结果"[1]。马克思于1881年5月至1882年2月，仔细研读了《古代社会》，写下了《路易斯·亨利·摩尔根〈古代社会〉》一书摘要[2]，共计10万多字。在这部摘要中，我们看到马克思主义哲学的奠基人马克思充满热情地赞扬了这位美国人类学家的成就。《纽约时报》对摩尔根的评论是从"资产阶级革命"的角度出发写的，而对马克思来说，摩尔根著述里陈述的资料却令人兴奋地证实了"共产主义"的历史性与未来性。

在《古代社会》一书抵达马克思手中以前，马克思未

---

[1] 《马克思恩格斯选集》，第4卷，第2页。

[2] 该笔记是《卡尔·马克思的民族学笔记》一书的组成部分，该书为荷兰历史学家克雷德（Lawrence Krader）所编，搜集了马克思于1880年到1882年用英文摘录的4本书的笔记，包括摩尔根的《古代社会》、菲尔（John Budd Phear, 1825—1905）的《印度和锡兰的雅利安农村》（1880）、梅因的《古代制度史讲义》（1875）和卢伯克（1834—1913）的《文明的起源与人类的原始状态》（1870）（参见杨堃，《民族学概论》，北京：中国社会科学出版社，1984，第104页）。

曾探讨过原始社会，他的主要注意力集中于对"资本主义社会"的解构。他曾在针对"东方社会"的"亚细亚生产方式"展开的探讨时，意识到这种生产方式的三大特征，即，不存在土地私有制、专制国家高度发达、农村公社长期存在。[1]读完《古代社会》，马克思深受摩尔根两个方面"发现"的刺激。摩尔根坚持认为，母权制先于父权制，"氏族共产主义"先于私有制和国家社会。这两个要点被马克思接受，使他在"东方社会"中揭示出来的"公社制"得到了更具历史深度的证实。已有学者指出，在一定意义上，摩尔根使马克思放弃了孤立的"亚细亚生产方式"的观点[2]，承认这是"原始社会"的残存，更彻底地将历史加以"原始"与"文明"的区分。一如恩格斯所表述的，马克思也认定摩尔根是一位自发的唯物主义者。不过，可能是因为他同时也意识到这位出自美国"资产阶级"背景的人类学家在唯物主义的道路上走得不够深远，所以，在写作他的摘要时，他悄悄地将摩尔根的历史发展序列加以历史唯物主义的改造。这个序列在摩尔根是：生产技术的发展——政治观念的发展——

---

〔1〕 贺麟，《略论人类学从摩尔根到马克思》，北京：商务印书馆，1988。

〔2〕 鲁越、王国庆，《试述马克思的'亚细亚生产方式'概念的始末》，北京：商务印书馆，1988；黄淑聘，《人类学的社会进化观及其批评的辨析》，《中央民族学院学报》，1992。

家庭形式的变化——私有制的产生。到马克思那里，它被重新界定为：生产技术的发展——家庭形式的变化——私有制和国家的产生。这个变化表面上看很小，实际产生的效果却很强大。至此，被摩尔根强调得如此之重的"政治观念"，到马克思主义那里已彻底退让于非观念性的家庭与所有制了。

正如史铎金指出的，在 19 世纪的最后二十年，摩尔根的人类学对在美国民族学局工作的人类学家具有极大影响。尽管他的《古代社会》论述的主要是制度变迁，但当时的美国人类学家将这一理论当成是纯粹的心灵进化论来推崇。[1]饶有兴味的是，直到第一次世界大战，摩尔根奠定的美国人类学与马克思、恩格斯的相关认识，仍然处于同一个出发点；接着，围绕着 1918 年这个时间分水岭世界人类学产生了巨大的变化。在 1918 年以前，美国人类学除了坚持以进化论的观点来设想资本主义社会的合理性外，也逐渐变得比摩尔根具有更多的种族主义色彩。[2]种族主义思潮走到极点，人类学"否极泰来"，出现了文化相对主义。如布洛克

---

[1] Stoking, *Race*, *Culture and Evolution* : *Essays in the History of Anthropology*, 1968, p. 116.

[2] 同上书，第 270—301 页。

（Maurice Bloch）所概述的，1918 年，进化论方法被美国人类学抛弃，导致马克思主义人类学派在美国绝迹。代之而来的是"文化人类学"，这一学派主张用 19 世纪详尽记录的史学方法来研究文化，反对进化论的"虚构和假设"，强调文化是超有机体，不被任何非文化的因素所决定。论点主要来自德国人类学，代表人物是波亚士（Franz Boas）。实质上，"文化人类学"是新康德主义的新结晶，它主张认识先于经验，从一个认识论的角度彻底推翻了摩尔根对自然与文化所做的关系联想。结果是，从 1918 年到 1950 年，美国人类学很少支持摩尔根。对 20 世纪 50 年代到 70 年代的美国人类学有相当影响的怀特，是这当中的一个例外，他可以说是摩尔根的唯一支持者。[1]

然而，怀特的人生又有趣地说明了人类学的世界史的另外一面。怀特接受摩尔根，是因为他曾与苏联学者有过密切接触，在接触中受到影响，认为人类经历了一系列发展阶段，主张通过考察人均占有的能量额来区分不同社会的进步程度。他的进化人类学影响到后来的一批人类学家（包括萨林斯），也导致了美国围绕着进化和文化的辩论。在这期

---

[1] 莫里斯·布洛克，《马克思主义与美国人类学》，陈为译，《民族译丛》，1986。

间，波亚士的学生斯图尔德（Julian Steward）的强调适应和进化多线性的论点出台；文化唯物主义者哈里斯（Marvin Harris）舍弃政治观念史和辩证法的"庸俗唯物主义"，与萨林斯寻找"另一个马克思"的努力同时出现。尽管如此，长期以来，美国人类学家对于摩尔根这个名字仍是"犹抱琵琶半遮面"，生怕它导致意识形态的分歧。直到20世纪70年代，随着法国年鉴学派世界史研究的引进，起初只是附带地随着"世界体系"批判性研究进入美国学界的马克思主义政治经济学理论，到人类学家沃尔夫（Eric Wolf）那里，才与农民社会、民族国家、世界体系的研究结合起来，重新造就一个受马克思主义影响的人类学。然而，到了这个时期，摩尔根人类史的那一种宏大叙事，已经往日不再。今日美国批评派的人类学更关注的是殖民主义与被殖民的"原始社会"之间的"权力"互动，而在其中，"资本主义"这个概念——或它的替代词"现代性"等——成为人类学研究的"关键词"。

1918年以后，怀特接触到的另一种人类学也崛起于苏联。苏联的人类学将"文化人类学"视为敌人，而宁愿将自己称为"民族学"或"民族志"。在此之前，马克思主义人类学已经过了一个阶段的积累。除了马克思的笔记外，1884年恩格斯为了实现马克思的遗愿发表了《家庭、私有制和国家的起源》一书，根据摩尔根提供的资料、看法，同时综合了他对古代欧洲史的阅读，重新以唯物主义的论点组织人类社会发展史的脉络。在这部著作里，恩格斯开创性地将"生产"的概念运用于劳动的发展阶段和家庭的发展阶段的分析，提出了"生活资料的生产"和"人自身的繁衍（生产）"两种生产理论。法国马克思主义者拉法格（1842—1911）也给予人类学高度的重视，特别是他在他那本献给恩格斯75寿辰的《财产的起源和进化》（1895）的著作中，对原始社会和封建社会的财产形式进行了细致讨论。俄罗斯马克思主义宣传家普列汉诺夫（1857—1918），在其大量的著作中对马克思主义的原始社会理论进行了运用。这些经典马克思主义思想家的人类学论著，大多还是围绕着揭示资本主义制度特征和矛盾的构成来写作的。到了列宁和斯大林时代，通过对原始社会的研究来对资本主义社会展开理论批判，仍然是民族学理论研究的重要内容。然而，随着苏维埃革命的胜利，国际民族关系和国内民族问题的处理，成为苏联民族学所承担的使命。在这一背景下，苏联民族学率先在世界上掀起了研究帝国主义和殖民主义的热潮，这一学派也在坚持历史唯物主义理论原则的同时，较为成功地实现了民族学综合研究，结合"文化人类学"的区域理论，提出民族的"经济文化类型"和"历史民族区域"的概念。到20世纪40年代，苏联坚持的那种马克思主义民族学，其实践已与摩尔根当初的思想与方法形成巨大差异，而摩尔根这个名字直到20世纪80年代依然接受着俄罗斯学术语言的歌颂。[1]

---

[1] 参见杨堃，《民族学概论》，第103—140页。

中国之摩尔根

中国学界对摩尔根的系统引介，开始于20世纪20年代。摩尔根的《古代社会》顺着三条渠道流入中国。第一条渠道是受马克思主义史学影响的中国史研究，包括蔡和森、杨贤江、吕振羽、郭沫若、杨东莼、范文澜、翦伯赞、李亚农等的著作。这些作品"试图用马克思主义的基本观点和方法来研究中国历史，其中包括原始社会史，并且取得了很大的成就"[1]。其中，杨东莼的译述，集中对摩尔根的理论加以介绍与沿用。其他的马克思主义史学家则大多是通过恩格斯的《家庭、私有制和国家的起源》这部作品间接地运用摩尔根理论的。中国史的进化论解释，是这些马克思主义史学家共同关注的主题。但在运用社会进化史的理论框架时，不同的学者也发展出了不同的观点和方法。吕振羽和杨东莼的研究，从史前史向文明史的过渡出发，探索摩尔根所谓的"氏族社会"与"政治社会"的制度性差异及其在中国历史中的发展

---

〔1〕 童恩正，《摩尔根模式与中国的原始社会史研究》，第316页。

状况。其他的学者要么关注世界史的进化，要么关注"阶级社会"矛盾的发展。

值得关注的是，早在1930年即翻译、出版摩尔根《古代社会》一书的杨东莼，于1931年写就《本国文化史大纲》，运用摩尔根理论重新解释了中国史。1900年出生的杨先生，于1923年加入中国共产党，1927年东渡日本，在那里认真研究马克思主义，除了大量阅读马克思主义理论的原著外，也积多年之功译成《古代社会》（上海昆仑书店1929—1930年付梓）。该书正文分三部，包括"经济生活之部""社会政治生活之部"和"智慧生活之部"，用典范的摩尔根进化史框架重新建构了中国社会从原始经济到近代商业、从氏族到政治社会、从神话经先秦诸子到新文化运动的历史进程。这部优秀的作品克服了摩尔根对所谓"美洲土著风俗资料"的滥用做法，将注意力集中于文化史的分析，在具体内容上从中国的角度补充了摩尔根对古希腊、古罗马时期的政治史研究，至今仍为不可多得的中国文化史作品。

在马克思主义史学以外，20世纪30年代的中国人类学家也开始深入地接触摩尔根的作品。燕京大学社会学开创人吴文藻先生曾于1932年为孙寒冰主编的《社会科学大纲》编撰"文化人类学"一文，用言简意赅的字句高度概括了摩尔根的思想。厦门大学林惠祥先生在1934年出版的《文化人类学》（商务印书馆）一书中，也系统地介绍了摩尔根等进化人类学家的思想。与马克思主义史学家们所不同的是，无论是吴文藻还是林惠祥，在涉及摩尔根时都采取客观的态度。在肯定他是美国人类学奠基人、伟大的人类学家的同时，吴先生和林先生都比较完整地阐述了进化人类学其他代表人物的思想，他们也比较全面地陈述了进化人类学之后诸多对进化人类学的批评。尤其是吴文藻先生的"文化人类学"一文，特别关注到了后世对于进化学派的批评，尤其是对其历史假设、文化价值论和阶段论的批评，其中也提及波亚士、威斯特马克的观点。在文中，吴先生列举了进化人类学之后出现的几个流派，包括"播化论派"（德国、英国）、"批评学派"（美国）、"心理学派"（美国）和"功能学派"（英国）。[1]尽管吴先生漏掉了法国社会学年鉴派人类学的作品，但与他同辈的杨堃后来对此学派的大量述评补足了这一缺憾。[2]

可以想见，在1949年以前，中国知识界中的"摩尔根"这个名字包含着多种可能理解。在"摩尔根"这个名字背后，马克思主义原始社会史、中国文化史和人类学的诠释同时并

---

〔1〕 转见王铭铭编，《西方与非西方：文化人类学述评选集》，北京：华夏出版社，2003，第1—28页。

〔2〕 同上书，第149—218页。

存，各自为当时的中国史与中国人类学研究开拓着广阔的视野。1949 年以后，知识的状况发生了巨大的变化。20 世纪 50 年代初期，政府对民族学的教学与研究有很高期待，为了培养少数民族干部，让他们带领少数民族融入新中国的社会主义大家庭，民族学院系统得以创建。从 1951 年开始，思想整风运动在研究人员和大学教师中展开。在知识分子的思想改造中，摩尔根的《古代社会》跟随着马克思、恩格斯、列宁、斯大林的著作成为必读的经典之作。自 1950 年 6 月开始，民族学家被派往少数民族地区访问，"除了宣传民族平等的基本政策外，中央访问团的任务就是要亲自拜访各地的少数民族，摸清各个民族名称（包括自称和他称）、人数、语言和简单的历史，以及它们在文化上的特点（包括风俗习惯）"[1]。尽管访问团的组织有些像美国民族学局的做法，但我们不能不注意到，几乎与此同时，在 1950 年 8 月，教育部制定了《高等学校暂行规程》，为了"肃清封建的、买办的、法西斯主义的思想"，在各地撤销了社会学、民族学和人类学专业。在这个"规程"指导下展开的"院系调整"，按照苏联模式分化了民族学与（体质）人类学。中国的大学开始向资本主义世界关门，人类学研究从学术研究转为民族问题的政治

---

[1] 费孝通，《从实求知录》，北京：北京大学出版社，1998，第 121 页。

实务研究，由综合研究向对少数民族的区域研究转变，文化的概念不再重要，取而代之的是苏联式的"民族定义"[1]。直到 1955 年前后，作为学科的民族学才逐步从低迷的状态走出来，接着，这门学科依据国家科学政策的定义逐步转向"原始社会史"的研究。在这个过渡过程中，"民族识别工作"起了关键作用。1954 年全国性的民族识别工作正式开始，民族研究者逐步在民族政策纲领的指导下从大量自报的民族中筛选出官方承认的"少数民族"。为了培养这些少数民族的干部，急需一门学科来阐述它们的历史，少数民族社会历史调查成为必要，"原始社会史"的研究与教学应运而生。同时，1956 年，全国开始少数民族社会历史调查，接着，为了对少数民族干部进行历史教育，在这个时期，中国从苏联聘请专家指导研究和教学工作，使"原始社会史"的研究进入了一个"苏化"的时代。

摩尔根在 20 世纪 50 年代中国学界的地位不断上升。在中国古代史研究里，1949 年以前马克思主义史学对中国古代史分期展开的热烈讨论得到了继续。如林甘泉等先生所言：

---

〔1〕 王建民、张海洋、胡鸿保，《中国民族学史》，昆明：云南教育出版社，1998，第 68—77 页。

从 50 年代初到 60 年代中，古代史分期问题的讨论曾出现过非常生动活泼的百家争鸣局面。中国从奴隶社会过渡到封建社会究竟始于何时？有主张西周的，有主张春秋的，有主张战国的，有主张秦朝的，有主张西汉或东汉的，有主张魏晋的。诸说并出，相互诘难，各有千秋。[1]

然而，"百家争鸣"围绕的还是一条历史过渡的线索，即五种社会形态的"进步史"。原始社会、奴隶社会、封建社会、资本主义社会、社会主义社会的进化原则，是斯大林对马克思主义的历史观加以改造和政治化的结果。在这"斯大林化"的历史分期系列中，摩尔根的著述显然仅对于前三种形态有用。在中国古代史分期的辩论中，摩尔根所引起的关注并非很集中，他主要是通过恩格斯的《家庭、私有制和国家的起源》和斯大林的历史论述间接地被运用的。

在民族学研究中，摩尔根的地位则一直居高不下。1956年，民族学界将主要注意力集中于少数民族社会历史调查，"当时，中国民族学家依然受研究'野蛮人'的学科定位的影

---

〔1〕 林甘泉、田人隆、李祖德，《中国古代史分期讨论五十年》，上海：上海人民出版社，1982，第 426 页。

响，面对迅速变迁的少数民族社会与文化，自我意识到有一种应当承担的'抢救'的天职"[1]。同时，中国民族学家也意识到，海外帝国主义人类学曾经对中国少数民族展开的研究，是服务于其"侵略目的"的。因而，进行少数民族社会历史调查，也被当成维护国家统一、打击分裂势力的"一项极其重大的任务"。带着双重使命，调查于1956年开始，计划于七年内完成，从1958年起完成少数民族概况的编写工作，接着编写各民族的民族志，计划于1962年完成调查、研究和写作的全部工作。民族学家积极推动这个由国家指导的研究规划，而政府也鼓励他们通过扎实的民族学研究写几部人类发展史的新续篇。摩尔根的《古代社会》和恩格斯的《家庭、私有制和国家的起源》被国家领导人直接定义为民族学的范本，民族学家"抢救民族文化"的使命，被当成新中国历史撰述的重要组成部分来看待。

参加少数民族社会历史调查的民族学家，大多数是在1949年前受过严格社会学、人类学、历史学训练的学养深厚的学者，他们的学养和知识良知使他们自己和他们带出来的一批新一代民族研究者能够实事求是地对待调查研究中发现的资料，也使他们能够以比较开放的心态来对待正在逐步成

---

[1]　王建民、张海洋、胡鸿保，《中国民族学史》，第158页。

为教条的理论。有这一大批学者的存在，民族学在20世纪50年代展开的民族志研究成就斐然，为后世留下了可贵的丰富资料。民族学家对少数民族文化的尊敬之心，他们对一些人类学经典的深入把握，也堪称典范。可惜的是，这些学术的务实态度，不久便遭到了批判，在"反右"运动中，被指责是"资产阶级民族学"的基本特征。随之，任何与被奉为经典的"理论"不符的民族志描述和民族学观点，都被当成"右派思想"而清理。摩尔根的"母权"先于"父权"的叙说，成为打击民族学"右派"的棍子。

1958年5月，"大跃进"运动发轫。为了"多快好省地建设社会主义"，汉族地区展开粮食和钢铁的大生产，试图在中央的规划下使这两种产品的产量快速达到联合国"发达国家"的相关指标。在"大跃进"成为社会风潮的时期里，少数民族地区的文化遭受的冲击日益严重，中央依据在汉族地区实施的方针，制定了引导一些少数民族从"原始社会"跳过各种社会形态直接进入社会主义社会的纲领。与此同时，民族学界也出现了"学术研究大跃进"的潮流。同年6月，开始集中精力编写"各民族简史""各民族简志""各民族自治地方概况"三套丛书。8月，少数民族社会历史调查进入第二个阶段，分16个小组，采取了发动群众、依靠群众的"群众运动"方式展开调查。当时的这些调查，目的除了"抢救历史"以外，更重要的是为少数民族制订"跃进规划"。至此，进化人类学辗转于不同的意识形态阵营，通过一条独特的渠道，由"资本主义革命"的理论，变为各种"社会主义改造运动"的指导方针，反而成为"资本主义人类学"自身的敌人，终于在一个"东方社会"中成为一个信条。

一个教条的式微

我这代人上大学时，摩尔根的《古代社会》还在中国人类学里占据主导地位。记得是1983年，老师召集一次全国性的学术研讨会，会议的主题本应是关于人类学学科建设的，但却集中于原始社会史和婚姻家庭史。会议论文的内容大多来自中国少数民族研究，但涉及的理论多为摩尔根和恩格斯的提法。不是说当时的学者对摩尔根模式毫无批评，事实上，那时在我阅读的一些文章中，时常还是可以看到对摩尔根具体论点进行纠错的。只不过是在纠错的过程中，学者们大多只引用马克思和恩格斯的论述。

20世纪70年代末到80年代初，摩尔根模式在中国人类学界的持续影响是有历史背景的。那个时候，"极左"思潮刚刚成为过去，在"文革"的破坏下，社会科学各门类都处于百废待兴的局面。学科能恢复到20世纪50年代的状况已不容易，哪里还谈得上对旧有的模式展开反思。在这种情况下，摩尔根在中国人类学学科的改革中起的作用应当说是积极的。这一点可以从以下两个方面来理解：

其一，摩尔根模式为老一辈学者总结20世纪50年代积累起来的原始社会史的知识提供了一个在当时情况下还算严谨和客观的理论解释框架。比如，林耀华先生主编的《原始社会史》就是一个例子。林先生1949年在吴文藻先生的指导下学习人类学，后留学海外，获得了系统的社会人类学知识，他的理论取向是结构－功能主义的。20世纪50年代起，林先生参加民族学研究，与其他老一辈人类学家一样转入历史唯物主义，深受摩尔根模式的影响。20世纪50年代他与苏联专家合作，一直摸索中国民族学发展的道路，在相当长的时间里积累了许多原始社会史教学和研究的经验。这些经验在20世纪五六十年代并没有被好好地总结出来。到20世纪80年代初期，林先生组织编写《原始社会史》，结合历史文献、考古发现和民族志资料，对原始社会史进行了系统阐述。[1]

其二，使中国人类学研究与"原始社会史"研究密切关联起来。20世纪80年代初期的人类学研究运用了摩尔根关于家族史的论述，整理了丰富的国内民族志资料，在当时条件允许的情况下，依据有关各民族的社会历史资料，编写、出版了少数民族的调查文献。尽管对于社会形态的研究过度

---

〔1〕 林耀华主编，《原始社会史》，北京：中华书局，1984。

集中于形态的演变，但摩尔根对亲属称谓和氏族制度所做的梳理，为中国少数民族社会形态的研究提供了相当有效的工具，使这些调查文献比较详实地记述了 20 世纪 50 年代以前各少数民族的社会生活面貌。大部分文献在 20 世纪 70 年代末 80 年代初得以系统出版。

谈摩尔根模式对 20 世纪 80 年代初期中国人类学所起的积极作用，并不意味着我们要无视它造成的负面影响。经过 20 世纪 50 年代和 70—80 年代的不断运用，摩尔根模式在中国人类学界几乎成为僵化的教条。这个模式代表的一个强制性话语体系，导致 20 世纪 30—40 年代已多元化、国际化的中国人类学走进了自我封闭的空间，使 20 世纪 50 年代以前中国人类学的"百花齐放"面貌为"原始社会史主义"面貌所取代。学生时代，我阅读了许多前辈的人类学著作，从中体会到经历这个转变的前辈学者留下的遗憾。举一个例子说，杨堃先生从 20 世纪 20—30 年代起从事人类学研究，在法国年鉴学派社会学里直接接受大师的训练，回国后写了不少关于法国社会学派的文章，也做了不少仍然值得我们今天继续追踪的研究。20 世纪 50 年代，与林耀华先生一样，杨先生开始转为摩尔根模式的叙述者。到 1984 年他发表《民族学概论》时，竟将摩尔根当成是划时代的人类学家，将西方人类学史划分为"摩尔根以前"和"摩尔根以后"。

　　显然，到了 20 世纪 80 年代初期已有不少前辈关注到摩尔根模式的僵化带来的问题。也许是因为这个原因，吴文藻先生才于 1982 年发表《战后西方民族学的变化》一文，广泛介绍西方马克思主义人类学、结构人类学和新进化论的思想，给中国人类学带来了新鲜空气。学生时代，我对这些类型的论文特别感兴趣。到了我大学毕业时，与人类学前辈的更多接触使我认识到，试图为中国人类学打破僵化局面的人并不少。20 世纪 80 年代中期，我已接触到童恩正先生，聆听过他对摩尔根模式的批评。到 1988 年，童先生的那些精彩观点得以正式发表。尽管从今天的情况来看，童先生的许多论说还需要补充，但就当时的情况而言，他的文章《摩尔根模式与中国的原始社会史研究》却宣布了一个时代的终结。在文章中，童先生指出：

　　1949 年建国以后，中国学术界以很大的热情学习马克思主义，自觉地将史前考古学、民族学的实践，置于马克思主义的指导之下，从而开辟了中国原始社会史研究的新时代。但是在当时具体的历史条件下，所谓马克思主义的原始社会史理论，主要是照搬了苏联学术界在 30 年代确定下来的某些结论，在宣传马克思主义基本原理的同时，也感染了较严重的教条主义的影响。再加上从 50 年代后期至 70 年代长期"左倾"思潮的流毒，使我们在学习马克思主义奠基人的原著时，也是习惯于照抄结论，而不习惯于体会其精神实质。种种有形的和无形的禁区和桎梏，至今并未在原始社会史的研究中彻底清除……[1]

时至今日，继续延伸摩尔根模式的人类学家依然大有人在，也不无其理由。不过，自从 20 世纪 80 年代末期开始，这个模式已逐步失去"话语霸权"。与此同时，摩尔根以后人类学理论的发展，成为学术界引入介绍的主要对象。现在看来，与摩尔根对立的美国历史具体论派、英国功能主义和法国社会学派，都已成为中国人类学参考的主要理论。不仅是这样，在这三个现代西方人类学传统内部发展起来的解释人类学、过程理论、结构人类学、后结构主义、新马克思主义、后现代主义，也开始受到国人的关注。今天的青年学生更多地将注意力集中于这些后期的理论的学习，从而使摩尔根这个名字逐步变得生疏起来。

---

[1] 童恩正，《摩尔根模式与中国的原始社会史研究》，第 316 页。

文明的分流

从 20 世纪上半叶知识的国际状况看，摩尔根这个名字代表的那种人类学，面临了两种截然不同的命运。

在西方发达的资本主义国家里，特别是在人类学的主要国家英国、法国和美国，摩尔根这个名字遭到了激烈的批评。从这三个国家兴起的功能主义、社会结构论和历史具体主义，分别从各自的角度创造了风格迥异的人类学。重视田野工作中观察的重要性，重视制度化的地方过程，成为英国功能主义人类学的两个主要特征。在法国（部分也在英国），人类学成为一种比较社会结构的研究，这一类型的人类学主张在古代社会与现代社会之间找到连续性，特别重视社会构成方式中习俗起到的重要作用，强调在原始社会中发掘现代社会凝聚机制的基础。美国人类学中，则出现了前文概述的"波亚士转变"，人类学从德国的社会思想中引进了大量观点，特别强调文化的一体性和相对性，及文化作为一个自主体系的存在。[1] 在这三个

---

〔1〕 王铭铭，《人类学是什么？》，北京：北京大学出版社，2002。

国别性的现代人类学传统中，摩尔根的人类学基本上被置之不顾了。

在苏联，第一次世界大战以后，人类学开始分化为"古人类学""原始社会史"与"民族学"。到20世纪30年代，随着苏维埃国家知识管理体系的确立，马克思主义人类学思想在学科定义和研究模式方面占据了支配地位。对西方"资本主义人类学思想"的述评，没有间断地为苏联社会科学家所重视。然而，在人类学的具体研究上，苏联人类学将摩尔根的著作奉为经典，虽对之加以个别修正和唯物主义化，但基调是将之当成正统马克思主义人类学的组成部分。20世纪50年代以后，这一风格的人类学在中国人类学中也占据了主导地位。

摩尔根这个符号延展出一条分水岭：在西方资本主义国家，古典进化论的人类学成为过去；在社会主义国家，这种人类学变成"原始社会史"，成为阶段论的历史观和科学社会主义理论的重要基础。而历史总有停滞与急变之别。正当摩尔根模式在中国逐步升级为教条时，世界人类学的格局也发生了重要变化。我前文提到过的怀特，从20世纪50年代开始便公开发表了对摩尔根的支持意见。自此以后，美国人类学重新出现了进化论的新潮流。进化论和唯物主义，在地位上取代了波亚士的新康德主义文化认识论，而沿着这个概念标出的路线，美国人类学家开始探讨生态与进化的关系、进化的一般性和特殊性线条、决定论与文化的关系。在法国，列维－斯特劳斯的结构人类学得以勃兴，这个派别的人类学将马克思主义辩证法当成是自己的伙伴，继承了摩尔根对亲属制度的浓厚兴趣，采纳结构语言学的若干原则，对原始氏族社会的结构展开了精彩的跨文化比较和综合。在这个基础上，20世纪60年代法国人类学出现了结构马克思主义的论说，至今依然有着重大影响。[1]在英国，曾受马克思主义历史观影响的人类学家，如利奇（Edmund Leach），20世纪50年代便提出以过程的分析来纠正功能主义的"无时间性"的错误，而到20世纪70年代初期，伦敦经济学院人类学家已与法国结构马克思主义同坐一桌，交流各自对马克思主义人类学的看法[2]，而与此同时，马克思主义关于"两种生产"和"阶级"的看法，也在诸如古迪（Jack Goody）这样的人类学家中受到关注。到1980年，一部由苏联和西方人类学家参与的人类学大会的论文集出版了，英国人类学家福蒂斯（Meyer Fortes）在导言中宣称，两个意识形态阵营里的人类学，"基

---

〔1〕 Maurice Godelier，"The Emergence of Marxism in Anthropology in France"，Emest Gellmer ed.，*Soviet and Western Anthropology*，1980.

〔2〕 Maurice Bloch，ed.，*Marxist Analyses and Social Anthropology*，1975.

本的科研目标是一致的"，二者之间的理论观点"也存在诸多的重叠和趋同之处"[1]。

从 20 世纪 70 年代开始，马克思主义分析方法重新在西方人类学中受到热烈欢迎。在对人类学与殖民主义、帝国主义、东方学之间密切关系展开历史的批判时，许多西方人类学家采取了马克思主义的观点。而马克思主义式的"抵抗""斗争"的论述，也在那个时代的农民社会的研究中崛起。同时，西方人类学又掀起研究资本主义文化和世界体系的热潮。在这个热潮中，从人类学角度解构西方的世界性霸权成为主流。到 20 世纪 80 年代初，美国人类学家沃尔夫（Eric Wolf）已完整地总结了这个热潮中涌动的思绪，提出用马克思主义的政治经济学观念来纠正人类学的"文化"概念的失误。[2]同时，在资本主义和现代性的批判中，受德国法兰克福学派影响的具有马克思主义倾向的人类学家，广泛综合了马克思主义的实践理论与其他哲学流派中的"反思现代性"观点，促成了"反思人类学"的兴起。[3]

---

[1] Meyer Fortes, "Introduction", Ernest Gellner ed., *Soviet and Western Anthropology*, 1980, p.xxv.

[2] Eric Wolf, *Europe and the People without History*, 1982.

[3] 马尔库斯、费彻尔，《作为文化批评的人类学》，王铭铭、蓝达居译，北京：生活·读书·新知三联书店，1997。

在欧美人类学逐步接纳马克思主义思想的过程中，摩尔根的论著并没有随之而得到越来越多的关注，而是越来越被认为已成为过去。原因很多，摩尔根猜测的历史含有的所有猜测成分引起了当今人类学家的担忧。仅从摩尔根模式的内部说，即使是主张进化论的人类学家也反对他对蒙昧、野蛮与文明时代提出的论说。他对机械唯物主义与基督教思想的糅合、他采取的充满想象而无证据的考古学历史分期标准、他对亲属称谓与亲属关系事实的不加区分、他提供的人类家族史中"乱交"之说及母系先于父系的武断论说等，都已一一被新发现的证据所证伪。

更重要的是，摩尔根依据蒙昧、野蛮与文明三个时代的划分建构起来的人类史，与人类学家在现实世界中遭遇的现实问题，有比较遥远的距离。包括摩尔根在内的人类学家大多数是从现存的"世界少数民族"的观察中提出他们的看法的。然而，正如功能主义者早已指出的，摩尔根式的"臆想的历史"将现今生活的"世界少数民族"当成西方文明的久远祖先来研究，认为这些族群生活中的文化，乃是远古的原始人遗留下来的。事实上，这些文化是被西方人类学家"发现"的，而西方人类学家之所以能"发现"这些文化，又是以特定时代西方探索世界的"科学发现运动"为前提的。在今天的人类学家看来，对于"世界少数民族"之不同文化的

"发现"，乃是欧洲中心的世界政治经济史的组成部分，而近代以来的世界制造了一个格局，使欧洲成为世界文明的中心，其他地区和民族成为其边缘。因而，在切实可见的世界史中考察人类学研究的历史，使人们意识到，所谓"野蛮"与所谓"文明"之间是有一个近代的现实体系的。摩尔根在展开他的人类史叙述时，未能将这个体系的构成与他所研究的易洛魁文化联系起来，从而掩盖了印第安人遭受殖民主义侵袭的真实历史。

这也就是说，摩尔根在提出"氏族共产主义"概念时，从一个"资产阶级革命的产儿"的角度，揭示了一个令马克思主义者振奋的史前时代。这个史前时代的"发现"，符合马克思主义者的阶级社会否定无阶级社会、并将被无阶级社会再否定的三段式理想主义历史目的论。然而，这个发现，又与马克思主义对于资本主义和帝国主义的批判相违背，在将现今生活的"世界少数民族"当成"原始人"的过程中，减轻了资本主义和帝国主义的罪责。新的马克思主义者，立足于"原始人"与"资本家"代表的两种文化之间，企图通过对二者的"阶级"关系的批判来缔造一种新的人类学。对他们来说，从任何意义上讲，摩尔根的工作都已失去其重要性了。

结　语

在一部涉及人类学理论的名著里，人类学家萨林斯这样形容了摩尔根和摩尔根的解读者的各种评价：

> 就像每一个奠基之父一样，摩尔根的思想与后来由它变异而来的那些观点相比，更具普遍性，其自身包含着几乎每一种后来立场的"萌芽"。这意味着，人们可能会屈从于许多理论性解读，而其中任何一种解读，恰恰因为成为当前争论的宪章，其错误都在于没有充分考虑其本来的普遍性。因而，摩尔根同样也被后来的学者纳入了各种各样的归类：或者说他是一个"唯心论者"，因为他强调要揭示最初的"思想萌芽"；或者认为他是一个"唯物论者"，因为他坚持要探索人类生存方式的社会进化过程；甚至他还会被看做是一个"哲学二元论者"，因为他自觉不自觉地同时依赖着这两者。因他间接地提到了"心灵的自然逻辑"，这又导致了某些人把他视为一个"精神论者"，而其他人则指责他有"种族主义"的倾向，

因为他把文化等同于有机体（包括众所周知的以"血统"论述风俗的传承）。[1]

萨林斯之所以硬将摩尔根推向"欲望""功能"的那一派，可能是因为他那接近新康德主义的立场所致。但是，他概述的后世对这位人类学家的不同归类却精彩地说明，任何经典作家都必然要遭受解读者的再解释。

在这本书里，我也试图赋予摩尔根的人类学一种自己的解释，而在解释中我更多地倾向于从摩尔根著述里包含着的各种可能性本身出发。因而，在概述摩尔根及其模式的运用者的武断时，我试图避免做出武断的评价；在对待摩尔根的作品时，则尽量从他的内容本身出发。我知道摩尔根的伟大，但也使自己确信，与我们每个人一样，摩尔根是一个人。他在生活中逐步发展起来对于非西方民族的兴趣，在工作中依据自己的兴趣和研究撰写了一些书籍。我知道摩尔根的本意是试图"客观地反映"他观察到的社会生活，更知道这位美国人类学的奠基人一生努力的目标，并非是要提出一个耸人听闻的"主义"来。与此同时，我不排斥摩尔根著述的采用者对这些著述加以再解释的权利。事实上，我从自己的经历

---

[1] 萨林斯，《文化与实践理性》，第73页。

中体会到，对摩尔根著述感兴趣的人和机构，权力如此之大，以至于他们通常可以置其原作者思想的本来面目于不顾。这使我从一开始就想将摩尔根模式之成为模式的过程放在一个相对化的世界人类学情景里去考察。

对于专业的人类学家来说，摩尔根一生的著述中最吸引人的，是他的民族志《易洛魁联盟》，而非我这里费了这么多文字重述的《古代社会》。尽管被翻译过来的作品还是《古代社会》而非其他，但翻译者和接受《古代社会》一书基本理念的一代中国人类学家也早就知道《易洛魁联盟》的精彩之处。遗憾的是，时至今日，这部杰作的中文版竟告阙如。

我这样说的意图不是出于自己对翻译这本厚重、难译的书有兴趣，而只是为了表明，在摩尔根人类学生涯的起点上，那一跨文化理解的苦恼早已为他的后期作品埋下了种子。一如特劳特曼指出的，"有三个主要成分融入《易洛魁联盟》的制作中"[1]。

其一，摩尔根是一个律师，在他学习法律的过程中，培养了一种看待事物和生活的特殊眼光。而这一点，似乎是摩尔根时代所有人类学家共有的。梅因是法制史教授，兼任英属印度总督府的法官；巴霍芬一生献身于罗马法的研究；麦

---

[1] Trautmann, *Lewis Henry Morgan and the Invention of Kinship*, 1987, p. 39.

克伦南则也是一个从事实际法律事务的律师。其他对19世纪中期人类学的创建有贡献的学者，也存在非法学出身的，但他们大多对法制史感兴趣。对于当时的人类学家来说，罗马法是欧洲法律的开端，是文明国度的法律。而在罗马法里，人类学家发现一系列他们能够借用来追溯法律起源的概念，它们都属于以"我"为中心的"亲属称谓"。在罗马法中，甚至可以发现人类学家用来编制亲属关系图谱的方法。罗马法是父系的、个人中心的、家庭主义的，这与人类学家看到的"异文化"形成了鲜明的反差。怎么解释不同的关系分类体系之间的差异与联系？那一代人类学家花尽了心血，而摩尔根正是这群人中具有天生的敏感性的一员。

其二，摩尔根参与组织的"大易洛魁社"，是使他对易洛魁氏族社会产生如此浓厚的兴趣的原因。在其自传体的著述里，摩尔根从来没有提过自己是"大易洛魁社"的核心分子，而给人一种印象，似乎他只是其中的一个成员。事实上，对于"大易洛魁社"的组织，摩尔根不仅尽心尽力，而且起着实际的推动、引导作用。摩尔根不敢多提自己的作用，也许是因为这是一个由青年学子组成的秘密社团，对于它的后果，摩尔根自己很难把握，于是他给自己留下随时"撤离"的余地。这个社团的活动目的，是促进"白种人"与"红种人"之间的感情。在此过程中，摩尔根有了许多令他愉悦的意外发现。其中最重要的，便是易洛魁人的亲属称谓、氏族组织和图腾制度。

其三，也许是因为摩尔根对印第安人有亲善态度，所以在他的人类学生涯的开端，他结识了对他的研究有着巨大贡献的印第安少年派克。1844年，在书店看书时，摩尔根遇见塞内卡族青年派克（印第安名为Hasaneanda），那时这位少年刚16岁，因受过教会学校的良好教育，能讲流利、优美的英语，正为托纳万达保留区的酋长代表团充当翻译。派克的家庭是个进步的印第安之家，他的父亲早已从事农耕，并逐步改变了旧有的被妇女照顾的习惯。他的兄弟姊妹都受到非常良好的英语教育，也正在成为基督徒。总之，派克的家庭"是耕作农业、教育与宗教文明化效果的活证据"[1]。在他们的帮助下，摩尔根比其他任何人更易于深入到易洛魁人的社会中从事研究。

在同时代的所有人类学家中，摩尔根的研究最具备"直接观察""参与生活"的特征，这与他在"大易洛魁社"及在那家书店里与印第安人的偶遇有关。从《易洛魁联盟》到《古代社会》，摩尔根受时代制约必须走一条漫长的道路。在

---

[1] Trautmann, *Lewis Henry Morgan and the Invention of Kinship*, 1987, p.46.

《易洛魁联盟》里，摩尔根已经表达出对"法理学"在土著社会研究中的意义确信无疑。但是，资料的丰富性、对土著生活的贴近，使这一信念遭到暂时的压抑。随着时间的推移，到摩尔根写作《古代社会》时，他所处的社会和从这个社会内部理解的宗教，将他人类学生涯早期的那些偶遇推到了脑后，使本来至少还有点"人情味"的叙述，退让于"臆想的历史"的宣言。

通过重读《古代社会》，我也重新认识了摩尔根。曾经，摩尔根这个名字象征的，几乎是一个无可救药的"话语霸权"，他与某些"主义"糅合得如此紧密，以至于阅读他的作品，有令我喘不过气来的感觉。在一个"后摩尔根时代"来重新阅读他的代表作，我看到一个相对真实的摩尔根走近了。在我的这一认识中，摩尔根的田野工作乃是初创，因而不如20世纪初期以来人类学的同类工作做得那么扎实。然而，他那一探索陌生世界的好奇心，使他成为有文化良知的田野人类学的最早实践者。他没有强迫被研究者扮演"信息提供者"的角色，而是早已试图通过成为他们中的一员来理解他们的生活世界。在构筑他的理论大厦的时候，摩尔根仍然坚持着这种"参与式"的思考方式。他没有将被研究的印第安人当成与自己极端不同的"异己"来看待，而是从来没有怀疑过这些原始民族与发达的欧洲文明之间的"同祖关系"。我阅读摩尔根的著作时，对于他在行文中流露出来的这种文明的谦逊深有体会，也倍加赞赏。

然而，矛盾的是，充当人文世界"裂缝间的桥"的摩尔根，在他踏上跨文化人类学之旅时，在他一脚踩进易洛魁人的领地时，他的身心已很难摆脱文明的裂缝带来的困境。在尊敬原始人与现代人的共同智慧的同时，由于过于强调原始人的政治智慧与现代政治社会的政治智慧的一致性，摩尔根削弱了自己的著作对于自己的文明的反思力。摩尔根赋予与现代政治社会构成明显反差的"氏族共产主义"特殊的价值，甚至认为希腊时期的民主政治恰是"氏族共产主义"在文明时代的化身。这表明他作为一个"资产阶级革命的产儿"，未能摆脱"资产阶级革命"给他的认识论制约，从而使他的具体研究没能真正融入到被研究者的世界观里。他在从事研究时已尽力接近被观察的社会生活，但一旦进入资料的整理和分析阶段，欧洲中心的、近代主义的、"资产阶级革命的"等所有一切被宣扬为"思想解放"的力量，跃然成为支配他的思想的条条框框。

其结果是，尽管摩尔根阐述的诸多社会形态属于古老的"原始社会"，但他真正关怀的社会形态却是近代社会。试想摩尔根为我们呈现的从氏族社会向政治社会的转变，与社会学奠基人对"共同体"向"法理社会"的近代转型的描述何等相似！人类学家与社会学家一样，真正关注的是那些在他们生活的时代被逐步舍弃的制度如何印证近代新发明的制度的正当性。欧洲社会学家在阐述这一转变和转变的正当性时，入手的地方往往是欧洲本国农村。在他们的历史意象里，以血缘为纽带构成的"俗民社会"，是近代化以前欧洲社会的基本特征。随着近代化的拓展，血缘主义的共同体渐渐地为"法理社会"的地缘政治地理、科层制度、社会再生产方式所取代。人类学与社会学的研究有一个传统分工，即社会学研究近现代工业化社会，人类学研究原始的非西方社会。尽管摩尔根在奠定人类学的基础时也遵循这一学科分类的逻辑，但与早期人类学家一样，他的思路绝对没有脱离社会学的近代关怀。于是，《古代社会》一书论述的转变，虽发生于数千年前早期国家的兴起过程中，但转变的模式却也是共同体向"法理社会"的演化，所不同的无非是，他的资料来自部落社会，他定义的"共同体"是"氏族"。

在重读《古代社会》的过程中，我不禁深受摩尔根展示的易洛魁氏族社会与雅典民主政治的连续性之鼓舞，我甚至觉得后世对于希腊民主政治和公共性的阐述极少超越摩尔根。我深深感到《古代社会》一书要阐明的最主要的一点，正是全人类民主政治的共同基础。然而，这一来自经典重读的印象，却为一个早期留下来的印象所冲淡。自从恩格斯将雅典民主政治的历史改编为家庭、私有制和国家起源的历史以后，摩尔根笔下的雅典民主便再也没有力量了。取而代之的，是另一幅批判性的历史图像，在这一图像中，文明史的所有内容变成了不公正、不合理的政治经济制度的历史。如此"反文明"的历史观，给后来的历史留下了深刻的烙印。因为所有存在私有制和国家的社会都被定义为不合理的，所以剩下的只有原始社会与它的"否定之否定"了。令人失望的是，文明史的否定并没有消除被想象的文明史的不公正。奠定在革命基础上的，还是具有支配力的国家；历史没有回到氏族社会的年代里，行政的、法律的、意识形态的、经济的势力，一如既往地蔓延于现代性中。

对摩尔根的误读，造就了一个时代或一个局面。在这个时代或局面中，人文世界的裂缝不再是西方与非西方、野蛮人与文明人、部落人与现代公民、共同体与"法理社会"之间的鸿沟，而是文明人的理想之争本身。摩尔根的幽灵被留在了裂缝的一边，在另一边则长期被拒之门外。在供奉摩尔根幽灵的这一边，《古代社会》既是过去也是未来；在驱除摩尔根幽灵的那一边，《古代社会》纯属于过去，它没有未来。前者没有意识到，《古代社会》预示的雅典民主政治的最终胜利，正是这个幽灵的告诫；后者没有意识到，同一种被预示的胜利，是他们存在的根基。终于，摩尔根成为一个教条与一种危险，随着时间的推移，被裂缝的两边都渐渐地抛弃了。于是，人类学家依然在寻找那座"裂缝间的桥"，并再次将这一工作看做是自己的使命。

摩尔根年谱

1818 年摩尔根出生于美国纽约州奥罗拉村。

1840 年摩尔根毕业于联合学院。

1842 年摩尔根获得律师资格，由于律师业务不多，利用业余时间参加激进青年组成的文学社。该社后改称"大易洛魁社"，宗旨在于"促进对印第安人的感情"及协助印第安人处理具体问题。

1844 年摩尔根迁居罗彻斯特，忙于律师业务，将印第安这个题目置之一边。遇见塞内卡人派克，开始与易洛魁人结成亲密关系。

1846 年摩尔根在纽约历史学会宣读一篇关于"六个族体的立宪政治"的论文。

1847 年摩尔根在《美国评论》杂志发表 14 封《给纽约历史学会主席、法学博士艾伯特·加勒庭关于易洛魁人的信》。

1851 年摩尔根将上述信件结集，以《易洛魁联盟》为名出版，该书成为"世界上对印第安部落所作的第一部科学记述"。《易洛魁联盟》是一部接近现代民族志的描述性作品。它的理论解释体系奠基于某种进步精神的基础之上。

1856 年摩尔根参加在奥尔巴尼召开的美国科学促进会，表示"对民族学的兴趣迅速增长"，决定恢复这项研究。

1857 年摩尔根访问密歇根州的马奎特，发现奥吉布瓦人虽然和易洛魁人属于不同的语系，并且在文化上也不相同，却与易洛魁人具有大体相同的亲属制度。回到罗彻斯特，他又发现已出版的有关达科他人和克里克人的资料有同样的记载。这些发现激发了他的想象力。

1858 年摩尔根动身到"堪萨斯－内布拉斯加"地区、密苏里地区、赫德森湾地区做他连续 4 年每年 1 次的野外旅行，写了旅行日记，对旅行做了引人入胜的记述。

1859 年摩尔根从一个传教士那里得到印度南部泰米尔人的亲属称谓资料，他极为惊奇，认为终于找到了"美洲印第安人来源于亚洲的确实证据"。他设计了"关系程度"研究的问卷，附在信笺后，通过邮寄征求信息与意见。8 月，他在美国科学促进会宣读一篇题为《红种的血亲制度及其与民族学的关系》的论文。10 月，摩尔根写出一篇 13 页的学术论文，由斯密斯松尼安研究院发表，为《人类家庭的血亲和姻亲制度》做了全面铺垫。

1862 年摩尔根着手对亲属称谓进行研究，起初试图证明印第安人来源于亚洲，结果却提出社会进化学说。同年，摩尔根中断了他在罗彻斯特的律师业务，到密歇根州做铁路和矿业投机商的律师。在那里，他对海狸进行了详尽的研究。

1868 年摩尔根出版《美洲海狸及其活动》一书。他在纽约州议会任一届众议员和一届参议员。

1871 年摩尔根的《人类家庭的血亲和姻亲制度》出版。该书第一稿于1859 年至 1865 年间写出，其间，摩尔根花费大量精力搜集资料，从各地收到纲要性的关系目录。此后，摩尔根也写了一些论文稿件。从

1865 年到 1871 年，《人类家庭的血亲和姻亲制度》接受史密森学会的审评，加进了关于"血亲关系的推测性历史"这一视角。《人类家庭的血亲和姻亲制度》是一本大书，在人类学领域中，应属于摩尔根最重要的著作，它长达 600 页，其中 200 页为血亲和姻亲制度的列表。

同年，摩尔根带着他的新书访问伦敦，会见了梅因、麦克伦南、卢伯克、达尔文、赫胥黎等，受到了英国新人类学圈子的欢迎。摩尔根对英国人类学派抱着满腔热情，但这个学派中的麦克伦南则开始对他展开了批评。

1877 年摩尔根根据自己的新认识，部分借用了泰勒和卢伯克的观点，开始撰述技术进步史与家庭史，其最终成果是该年出版的名著《古代社会》。《古代社会》一书，是摩尔根对民族学资料展开的哲学研究的最终成果，这本书给他带来了极高的国际声望。

1878 年摩尔根到科罗拉多州西南部和新墨西哥州北部作短暂旅行，考察考古遗址，访问了塔阿斯印第安人居住的村庄。

1879 年摩尔根当选美国科学促进会主席。

1881 年他的最后著作《美洲土著的房屋与家庭生活》出版。12 月 17 日，摩尔根因长期患有神经衰弱症而最终与世长辞。

附 录

引用文献

中文

埃文思 – 普里查德,《论社会人类学》,冷凤彩译,梁永佳审校,世界图
　　书出版公司,2010。

彼得·鲍勒,《进化思想史》,田洺译,江西教育出版社,1999。

戴裔煊,《西方民族学史》,社会科学文献出版社,2001。

恩格斯,《家庭、私有制和国家的起源》,人民出版社,1972。

费孝通,《从实求知录》,北京大学出版社,1998。

费孝通,《论人类学与文化自觉》,华夏出版社,2004。

费孝通,《论知识阶级》,吴晗、费孝通等著,《皇权与绅权》,天津人民
　　出版社,1988。

福柯,《词与物:人文科学考古学》,莫伟民译,上海三联书店,2001。

弗雷译,《金枝》,徐育新、汪培基、张译石译,商务印书馆,2013。

顾准,《顾准文集》,贵州人民出版社,1994。

贺麟,《略论人类学从摩尔根到马克思》,"马克思主义来源研究论丛"
　　(11),特辑《马克思人类学笔记研究论文集》,商务印书馆,1988。

黄淑聘，《略论亲属制度研究：纪念摩尔根逝世一百周年》，《中央民族学院学报》，1981（4）。

黄淑聘，《人类学的社会进化观及其批评的辨析》，《中山大学学报》，1992（2）。

拉德克里夫·布朗，《原始社会的结构与功能》，潘蛟等译，北京：中央民族大学出版社，1999。

莱斯利·怀特，《摩尔根生平与〈古代社会〉》，徐先伟译、林耀华校，《民族译丛》，1979（2）。

列维·斯特劳斯，《美国民族学研究署的工作与教训》，载其《结构人类学（2）》，张祖建译，北京：中国人民大学出版社。

列维·斯特劳斯，《忧郁的热带》，王志明译，北京：生活·读书·新知三联书店。

列维·斯特劳斯，《关于人的科学的奠基人让 - 雅克·卢梭》，载其《结构人类学（2）》，张祖建译，中国人民出版社，2006。

林甘泉、田人隆、李祖德编，《中国古代史分期讨论五十年》，上海人民出版社，1982。

林惠祥，《文化人类学》，商务印书馆，1934。

林耀华主编，《原始社会史》，中华书局，1984。

鲁越、王国庆，《试述马克思的"亚细亚生产方式"概念的始末》，"马克思主义来源研究论丛"（11），特辑《马克思人类学笔记研究论文集》，商务印书馆，1988。

路易斯·亨利·摩尔根，《古代社会》，杨东莼、马雍、马巨译，商务印书馆，1981。

路易斯·亨利·摩尔根，《美洲土著的房屋与家庭生活》，李培茱、陈观胜译，中国社会科学出版社，1985。

诺贝特·埃利亚斯，《文明的进程：文明的社会发生和心理发生的研究》，王佩莉、袁志英译，上海译文出版社，2009。

马尔库斯、费彻尔，《作为文化批评的人类学》，王铭铭、蓝达居译，生活·读书·新知三联书店，1997。

莫里斯·布洛克，《马克思主义与美国人类学》，陈为译，《民族译丛》，1986（4）。

马林诺夫斯基，《文化论》，费孝通译，华夏出版社，2002。

马塞尔·莫斯，《礼物》，汲喆译，陈瑞桦校，上海人民出版社，2002。

马歇尔·萨林斯，《石器时代经济学》，张经纬、郑少雄、张帆译，生活·读书·新知三联书店，2009。

马歇尔·萨林斯，《文化与实践理性》，赵丙祥译，张宏明校，上海人民出版社，2002。

童恩正，《摩尔根模式与中国的原始社会史研究》，《文化人类学》（附录），上海人民出版社，1988。

王建民、张海洋、胡鸿保，《中国民族学史》（下卷），云南教育出版社，1998。

王铭铭，《升平之境：从〈意大利游记〉看康有为欧亚文明论》，《社会》，2019年第3期（总39卷）。

王铭铭，《人类学是什么？》，北京大学出版社，2002。

王铭铭编，《西方与非西方：文化人类学述评选集》，华夏出版社，2003。

韦尔南，《神话与政治之间》，余中先译，生活·读书·新知三联书店，2001。

吴文藻，《战后西方民族学的变化》，《中国社会科学》，1982（2）。

杨东莼，《杨东莼学术论著选》，华中师范大学出版社，1997。

杨堃，《民族学概论》，中国社会科学出版社，1984。

伊丽莎白·图克，《路易斯·亨利·摩尔根及其同时代学者》，方素梅译，《民族译丛》，1993（6）。

以赛亚·柏林，《启蒙的三个批评者》，马寅卯、郑想译，译林出版社，2014。

外文

Bloch, Maurice, ed., 1975, *Marxist Analyses and Social Anthropology*, London: Malaby.

Ernest Gellner, "Preface", in his edited, *Soviet and Western Anthropology*, London: Duckworth.

Fortes, Meyer, 1980, "Introduction", Ernest Gellner ed., *Soviet and Western Anthropology*, London: Duckwork.

Geertz, Clifford, 1983, *Local Knowledge: Further Essays in Interpretive Anthropology*, New York: Basic Books.

Godelier, Maurice, 1980, "The emergence of Marxism in anthropology in France", Ernest Gellner ed., *Soviet and Western Anthropology*, London: Duckwork.

Herzfeld, Michael, 1992, *The Social Production of Indifference*, Chicago: University of Chicago Press.

Levi-Strauss, Claude, 1969, *The Elementary Structures of Kinship*, Boston: Beacon Press.

Kuper, Adam, 1988, *The Invention of Primitive Society: The Transformation of an Illusion*, London: Routledge.

Resek, Carl, 1960, *Lewis Henry Morgan, American Scholar*, Chicago: University of Chicago Press.

Schneider, David, 1984, *A Critique of the Study of Kinship*, Ann Arbor: University of Michigan Press.

Stem, Bernard J., 1931, *Lewis Henry Morgan, Social Evolutionist*, Chicago: University of Chicago Press.

Stocking, George W.Jr., 1968, *Race, Culture and Evolution: Essays in the History of Anthropology*, Chicago: University of Chicago Press.

Stocking, George W. Jr., 1987, *Victorian Anthropology*, New York: The Free Press.

Trautmann, Thomas R., 1987, *Lewis Henry Morgan and the Invention of Kinship*, Berkeley: University of California Press.

Wang Mingming, "The West in the East: Chinese Anthropologies in the Making", *Japanese Review of Anthropology*, 2017.

White, Leslie, 1944, "Morgan's attitude toward religion and science", *American Anthropologist* (New Series), 46: 218—230.

Wolf, Eric, 1982, *Europe and the People without History*, Berkeley: University of California Press.